Inca Petra Künkel

Auch du bist eine Hexe

Du lebst — du wächst — du handelst

Verlegt von Gisela Meussling

ISBN 3 922129 10 2
1. Auflage 1985

Lektorat: Helga Deubel-Hannes
Umschlaggestaltung: Traute Pannier
Satz: Satz-Studio Hülskötter, Burscheid-Dürscheid
Druck: Fuldaer Verlagsanstalt, Fulda
Verlag Gisela Meussling (edition die maus)
Rheinaustraße 34, 5300 Bonn 3

der winter ruft.

in diesen tagen, in denen ich zu schreiben beginne, ist der sommer vorbei. ein sommer, der vorsichtig war, den winter hatte er nie wirklich vergessen.

wenige nächte, die mich einluden, sie unter sternenhimmel im stroh auf dem feld zu verbringen. eine kurze zeit abendlicher lust, baden zu gehen.

wer will da schon einen sommerkuchen gebacken haben, der weit bis ins nächste jahr reichen kann?

dieses jahr muß ich mich wohl mit einem herbstkuchen zufrieden geben. aus stürmen heftig, die regen treiben, aus klaren abenddämmerungen und goldenen herbstfarben, aus kühlen sternennächten zwischen dunklen wolkenfeldern und aus zarten morgennebeln — wird sich ein kuchen backen lassen, der weiter reicht als bis tief in den winter?

der herbst hat die letzte heiße sommerwärme verschenkt.

meine seele will wandern. sie ist sehnsucht.

in jedem herbst heißt es: bereit sein. die reise nach innen beginnt, die reise in die tiefe.

der winter ruft schon. ich höre.

akzeptiere deinen tod und werde gefährlich. verschaffe dir macht.

„eine gefährliche frau vermag alles zu tun, weil sie alles tun will. eine gefährliche frau wird das unvorstellbare tun, weil das unvorstellbare ihr gehört. alles gehört ihr und alles ist möglich. sie kann ihre vision verfolgen und sie erlegen, in dem sie sie wahr werden läßt."

agnes whistling elk in
„die medzinfrau" von lynn andrews

würde ich gefragt, welchen beruf ich habe, müßte ich ehrlicherweise sagen: ich lerne noch.

ich lerne zaubern. ich lerne hexen.

wenn ich be-ruf wörtlich nehme, finde ich das rufen darin, das ich höre. was kann es anderes sein, als eine stimme, die mich ruft, eine äußere, eine innere.

ich folge mir selbst, meiner ur-eigenen tiefen stimme, sie lehrt mich leben.

sie lehrt mich hexen.

denn was ist hexen anderes, als die beste form zu überleben.

als ich klein war, kannte ich hexen nur aus dem kasperle-theater. sie waren häßlich, trugen besen und zerschlissene kleider (ich habe in meiner kindheit nie eine schöne hexe gesehen) und vor allem: sie waren böse.

im gegensatz zu allen anderen hatten sie macht über das wetter und über menschen. ihre macht nutzten sie für ihre bösen vorhaben. sie waren eben von grund auf böse.

ich habe nie begriffen warum eigentlich. ich habe auch nie gefragt. sie taugten aber dafür, das böse in einer person zu sammeln, dann konnten alle anderen wenigstens nur gut sein.

als ich etwas größer wurde, gab es sie wieder — in büchern. nicht minder von schlechter gesinnung. sie sollten zum fürchten sein, abschreckende beispiele.

wie das leben in büchern so spielt, bekamen sie ihre strafe, schlechten lohn für böse arbeit. die moral war immer gerettet und das weltbild auch.

ich brauchte nichts zu befürchten.

als ich noch größer wurde, hatte ich die märchenhexen vergessen. ich wußte, wenn auch nicht viel, doch etwas über hexen im mittelalter und ihre verfolgung. ich betrachtete sie politisch. als minderheit, als verfolgte.

als ich anfing weiterzudenken, sah ich die frauen, die

einzelnen, die untereinander in verbindung stehenden. ich sah die verfolgten, die unterdrückten, die ermordeten.

das war noch immer fern von mir, ich begriff noch nicht. später geschah vieles, was mich veränderte und ich veränderte mein leben.

irgendwann erinnerte ich mich wieder an hexen. ich las bücher über hexenverfolgung — legte sie beiseite, ohne sie zu ende zu lesen. die meisten waren von männern geschrieben. was ich suchte, war etwas anderes. ich fühlte mich ihnen, den hexen, verbunden. ich mochte aber nicht immer nur von ihrer leidensgeschichte hören. eine heimliche sehnsucht wuchs.

und schon wurde ich vorsichtig.

bin ich ich selbst, bin ich eine von ihnen? ich bin eine in mir selbst. auch ich bin eine hexe.

sei laut und sei leise zugleich! sei heimlich, wenn es darauf ankommt und: hüte dich!

ich scheute mich davor, die tragweite zu begreifen.

dabei ist eine ahnung doch schon das, was das bewußtsein erreicht hat: die tiefliegende innere veränderung ist schon geschehen. was folgt, ist die angst vor der äußeren veränderung.

ich bin eine von ihnen. nicht mehr eine von damals.

sondern heute hineingeboren in diese zeit, die den hexen ebensowenig günstig gesonnen ist wie damals.

die wunden und das wissen bringe ich mit. ich muß wirklich vorsichtig damit sein.

wenn ich also eine hexe bin, was ist mein be-ruf?

ich will hexen lernen.

eine hexe ist eine frau „in-sich-selbst" (frühere bedeutung für jungfrau). sie ist eigen-ständig und eigenwillig. meist ist sie anders als es von ihr erwartet wird. sie ist unabhängig, denn sie wählt bewußt und sie wählt mit kraft den weg, den sie ihren eigenen nennen kann.

sie ist eine von denen, deren namen so viele verschiedene klänge haben. sie ist jungfrau, amazone, priesterin, medizinfrau, schamanin; sie ist hexe.

als hexe greife ich sie auf, weil sie dergestalt durch meine/unsere hiesige vergangenheit wanderte; weil ich aufgreifen will, was sie damals an eigenwilliger art zu sein versucht hat (auch wenn oder gerade weil sie — politisch gesehen — damals verloren hat). als hexe ist sie meine direkte vorfahrin.

und sie ist die am schlimmsten betroffene in der reihe negativer benennungen, die fraucn betreffen und die vielen von ihnen das leben gekostet hat.

es ist zeit, diese wortmagie beim schopfe zu packen, zu rütteln und neue bedeutungen zu erschaffen.

was in dem wort enthalten bleibt: hexen sind gefährlich. denn sie sind jägerinnen der kraft. sie sind vielleicht unheimlich und bedrohlich, weil sie sich die macht nehmen, die ihnen zusteht. sie kennen geheimnisse, weil sie zusammenhänge kennen. sie haben einfluß auf die wirklichkeit, schlicht: sie können hexen.

ich bin mir sicher: tief im innern steckt in jeder frau diese hexe.

und dennoch ist die welt wie sie ist.

auf unerklärliche (oder erklärliche?) weise ist es möglich gewesen, daß frauen diese hexe, die „eine-in-sich-selbst"-frau zum schweigen zu bringen und anzunehmen, was uns die bibel weismachen will:

du sollst unter der gewalt des mannes sein. er soll über dich herrschen.

wie ist es möglich gewesen, ein bewußtsein, das die frau als weise, als urmutter verehrte, derart zu verändern, daß sie nunmehr bereit ist, sich selbst zu vergessen im dienste am mann? welche maßlose kraft ist es, die diese bilder noch immer (nicht zuletzt ganz tief in uns selbst) gelten läßt, wenn nicht die angst vor der eigentlichen macht von frauen? wie ist es möglich, eine kraft zu entwickeln, die genau dieses bewußtsein wiederum verändert, die macht zurechtrückt und die aufgaben?

diese kraft muß zumindest stärker sein als die wortmagie der letzten zweitausend jahre.

sie ruht in jeder frau. bei vielen unberührt. angstbesetzt.

bei vielen längst aufgewacht.

als ich begann, mein leben zu ändern, wußte ich, daß ich auf andere art anfing zu wachsen, daß ich mich ausdehnte auf ungewöhnliche weise.

ich entschied mich einen beruf zu lernen, der kein ausruhen duldet.

hexen ist eine art zu leben. es ist eine art, das leben zu gestalten. leben duldet keinen aufschub, sonst wird daraus starrheit, die eine seite des todes.

mein lernen begann mit dem begreifen von gegensätzen, die ein ganzes ergeben.

ich lernte, mich wichtig zu nehmen.

wichtig im sinne von: ich bin einmalig.

wichtig im sinne von: dieses leben ist eine aufgabe.

wichtig im sinne von: ich darf keine zeit verlieren.

wichtig im sinne von: ich habe kraft, ich habe macht, ich bin lebendig.

ich lernte, mich nicht wichtig zu nehmen.

nicht wichtiger als jede andere form von wesen. nicht wichtiger als der stein vor meinen füßen, die birken vor meinem fenster, die vorbeiziehenden wolken.

nicht wichtig ist meine rolle, mein status, mein besitz, das, was ich erreicht habe.

aus beidem lerne ich achtung.

vor mir selbst: um mich nicht selbst zu demütigen, mich nicht selbst zu zerstören.

vor anderen und anderem: um wertzuschätzen, anzuerkennen, um nicht das zu zerstören, was mir nicht zusteht zu zerstören. ich brauche diese achtung vor jeder erscheinungsform von leben, damit ich mich als teil eines ganzen schätze, in dem jeder teil wichtig ist.

ich erinnere mich an eine letzte, mir sehr bedeutende begegnung mit meiner großmutter.

sie war damals mitte achtzig und hatte einige zeit zuvor einen schlaganfall gehabt.

an jenem kühlen tag saßen wir im garten meiner eltern, sahen über wiesen und felder hin zu einem blauen berg, der sich weit in der ferne hinter einem wald erhob. er war nicht jeden tag zu sehen. seit dem schlaganfall hatte sie mühe, das sprechen wieder so zu lernen, daß sie für uns andere verständlich war. es war manchmal schwierig, ihren traumgedanken und ihren bildern zu folgen. ich hatte immer das gefühl, daß ihre wahrnehmung noch eine andere qualität erhalten hatte, die sie uns nicht vermitteln konnte. in ihrer seltsamen sprache versuchte sie, mir ihre beobachtungen zu erzählen, die sie an den vielen morgen gemacht hatte, an denen sie an diesem platz gesessen hatte. die feinheiten des lichts zählte sie mir auf und die verhaltensweisen von wolken, wind und tieren. sie erzählte mir von tagelangen wanderungen in den fernen bergen, von denen sie (in ihren besonderen worten, die ich nicht wiederholen kann) die erkenntnis mitbrachte: die natur hat ganz viel achtung vor sich selbst, vor allem lebendigem. die natur, sagte sie, weiß ganz viel voneinander, sie ist gut zueinander und alles ist aufeinander abgestimmt.

im angesicht des todes rückt die eigene wichtigkeit auf den platz, der ihr gebührt.

woher kann ich mir also besser rat für mein leben holen als von meinem tod?

es gibt grundsätze auf dem weg, hexen zu lernen.

einer davon ist:

wenn ich meinen tod mit in mein tägliches leben einbeziehe, gewinne ich die größte kraft, zu sein. es versetzt mich in die lage, das wesentliche zu sehen und danach zu handeln.

meinen tod mit in mein leben einzubeziehen heißt: wissen, daß er mich immer begleitet, — in angemessener entfernung — bis zu dem tage, an dem er mich dahin mitnimmt, wohin er geht.

dieses wissen verändert mich.

es richtet die konkrete frage an mich:

erhielte ich an diesem abend die letzte botschaft, könnte ich in ruhe gehen?

hätte ich nur noch eine begrenzte zeit zu leben, würde ich das tun, was ich tue, würde ich etwas anderes tun, anders leben, woanders leben?

gerate ich in panik bei dem gedanken, heute noch gehen zu müssen — dann lebe ich, als wäre ich unsterblich.

ich bin es aber nicht. es muß mir klar sein, daß mir eben nur diese befristete zeit zur verfügung steht, um mich vorzubereiten auf die große reise ins land jenseits.

manchmal finde ich diese gedanken beengend und unbrauchbar. ich will sie abstreiten, leugnen, ihnen verallgemeinerung und eine unrealistische sichtweise vorwerfen (was ist realität?). wie sollte es mir gelingen, meinen tod jeden tag zu be-denken? er läßt sich so gut vergessen.

an manchen abenden, wenn ich lange nicht mehr an ihn gedacht habe, höre ich das käuzchen, das in den eichen sitzt, einen besonderen schrei rufen, der mich schaudern läßt. er erinnert mich an meinen tod. liebevoll, aber bis ins mark und bein erschütternd.

der tod sitzt mir auf der schulter. und wenn ich mich zur seite drehe, um ihn in schwierigen situationen um rat zu fragen, sagt er mir: nur wenn du sterben kannst, kannst zu leben.

jede kraftvolle (und nicht ängstliche) er-inner-ung an meinen tod bewirkt eine besondere konzentration. habe ich mich lange nicht erinnert, bewirkt sie veränderung.

zum wievielten mal?

lernen ist eine langwierige angelegenheit. ich habe oft das gefühl, daß ich zum wiederholten male das gleiche lernen muß, damit ich begreife.

die suche beginnt.

herausfinden, was wesentlich ist; herausfinden, was unwesentlich ist; mühsam ordnen, was ich gebrauchen kann und was nicht.

den weg wieder bahnen in meine tiefe, in dem vertrauen darauf, daß ich dort das richtige finde.

manchmal bedeutet das nur kleine veränderungen, andere male muß ich mein leben umstürzen, weil ich zu spät bemerkt habe, wie weit ich von meinem weg abgeraten bin.

ich will mich zurückfinden. denn wenn ich meiner inneren kraft nahe bin, bin ich der großen weite nahe. der schritt ins land jenseits ist von da aus zwar nichts naheliegendes, aber auch nichts bedrohliches. der tod ist mein ratgeber.

ich lerne dies nie endgültig. vielleicht werden die umstürze kleiner, vielleicht wächst mit mir und meinen wegen die aufmerksamkeit.

die erkenntnis dieser inneren haltung allein gibt mir keine garantie dafür, sie auch beibehalten zu können. ich muß mich immer wieder darum bemühen.

hexen heißt, weder den tod zu fürchten noch das leben.

ich kenne einen ort, den ich sehr liebe. dort steht hinter einem see, hinter vielen sprechenden bäumen ein weißes altes haus. in seinem verwilderten garten, zum see hin, stand immer ein kirschbaum. ein baum, so alt wie das haus, mächtig und würdevoll, wie ich sonst nie einen kirschbaum gesehen habe, mit zwei kräftigen ästen nach süden und nach norden, die jahr für jahr noch voller kirschen hingen. eines abends besuchte ich die alte dame des hauses. als wir in dem zimmer waren, das zum see hinauslag, fragte sie mich, ob ich schon aus dem fenster gesehen hätte.

ich erschrak, ohne zu wissen warum, schob den vorhang beiseite, um in den garten zu sehen.

die mächtige kirsche war in der mitte zerbrochen, gespalten, ein ast zu jeder seite heruntergebrochen. mitten in der erntezeit. die roten kirschen im gras. hatte er sich plötzlich entschieden zu beenden, was genug war?

es war an einem windstillen tag, erzählte mir die alte dame, als sie ein merkwürdiges krachen vernahm, das sie sich nicht erklären konnte. es war mittagszeit und warm und es hatte sich wirklich kein lüftchen geregt, versicherte sie mir. das ende eines baumes.

nichts besonderes eigentlich, und dennoch machte es mich fassungslos. ich hatte die atmosphäre geliebt, die dieser kirschbaum verbreitete. nun war sie eine andere geworden. ich hatte nicht geahnt, daß seine zeit vorbei war. und ich wollte noch nichts von dem begreifen, was es mir sagte.

auf meinem rückweg zog ein gewitter auf. eine bedrohliche dunkelheit trieb mich weiter. ich aber wollte der gefahr und allen ängsten trotzen und blieb lange unter einer eiche sitzen.

der tod hat seine eigenen gesetze, erzählte sie mir. er

wartet nicht. die einzige freiheit, die ich habe, ist, ihn zu wählen — zur richtigen zeit.

der tod lehrt mich die gesetze der welt. er lehrt mich, die zeit zu begreifen.

nimm dir zeit, sagt er, und auch: du hast keine zeit zu verlieren. nimm dir die zeit, dem weg nach innen zu folgen, und: denk daran, daß du keine zeit hast, dein leben zu verschwenden.

wer bin ich, daß ich behaupten könnte, soviel zeit und leben zu haben, um damit verschwenderisch umzugehen?

kann ich es mir leisten, auch nur eine einzige minute nicht meine, von mir gewählte, zu nennen?

kann ich es mir leisten, heute bereits an morgen zu denken, am montag auf den samstag zu hoffen und am morgen auf den abend?

was ist der tag dazwischen, was sind dienstag bis freitag?

kann ich es mir leisten, die tage zu zählen, auf etwas hinzuleben?

an wen verschwende ich die zeit dazwischen?

in der tat, ich bin nicht unsterblich. an einem tag, den ich noch nicht weiß, werde ich gehen. will ich mit würde gehen, muß ich sagen können: ich bin bereit. ich bedaure nicht, weil ich das, was war, gewählt habe. ich habe keine zeit verschenkt, denn ich handelte aufmerksam und mit achtung. dies war meine zeit.

hexen heißt auch dies: die bedeutung der zeit zu kennen und sie nicht zu vergeuden.

mein tod lehrt mich weiter.
ich bin ein anteil vom ganzen, also erfüllen sich die gesetze des universums auch in mir.
im großen wie im kleinen, außen wie innen.

folge ich den eichen vor unserem haus in ihrem jahreslauf, so sehe ich sie nach der zeit eines kräftigen sommers müde werden.
der herbst kommt mit stürmen und grauen regentagen, mit nebeln, hinter denen sich eine sehnsüchtige sonne versteckt. wenn sie durchbricht, taucht sie die eichen in goldenes licht.

geht ein baum mit verzweiflung in den tod? mit verzweiflung in den herbst?
die eichen tragen ihre farben mit würde. auch mitten im winter sind sie ehrfurchtsgebietend in ihrer gestalt.
kein klagen. ein klagen auch nicht vom kirschbaum am see. und ich?
was mache ich so oft?
ich klage. ich bedaure mich. ich bemitleide mich.
daß ich sterben muß. daß ich nicht genug gelebt habe. daß dies nicht so ist, wie ich es will, daß jenes nicht so geschieht, wie ich es vorhabe.
welchen grund aber habe ich zu klagen, wenn sich doch die gesetze in mir erfüllen wie in der eiche oder dem kirschbaum?

ich klage, weil ich denken kann.
nicht die seele ist es, die mich von den bäumen trennt. sie haben ebensoviel davon wie ich. das wissen darum ist es, was mich trennt. mein bewußt-sein.
meine große chance als mensch und zugleich mein größter feind. meine chance, weil ich begreifen kann.
weil ich die frage nach dem sinn stellen und möglicherweise sogar beantworten kann.

weil ich bewußt erfassen kann, welche qualität es ist, die die seele ausmacht, welche energie es ist, die teil hat an der großen energie.

meine chance, weil ich gestalten kann.

das trennt mich von den bäumen. es trennt mich von den steinen, von pflanzen, von tieren.

es trennt mich, wenngleich ich weiß, daß wir alle eines ursprungs sind. ich bin nichts besseres, ich bin nicht wichtiger. ich bin nur anders.

eine erscheinungsform des daseins. und diese so gewählt, daß ich denken, fühlen, wollen (und mir das bewußt machen) kann.

als teil des ganzen, in dieser meiner daseinsform, habe ich eine aufgabe wie alles andere auch. diese aufgabe verpflichtet. sie ist schwierig.

als hexe kann ich es mir nicht leisten, die gesetze der welt zu verachten. auch wenn es zunächst als der bequemere weg erscheint.

denn — wie bereits gesagt — meine größte chance birgt gleichzeitig auch meine größten hindernisse und die größten gefahren.

mein bewußtsein gibt mir macht.

setze ich es ein, um die gesetze der welt zu finden, um der bewegung dieser gesetze zu folgen, wann immer ich ihren rhythmus in mir spüre, habe ich die chance, im sinne meiner aufgabe zu sein und zu wirken. ich werde daran wachsen. bemächtige ich mich dieses bewußtseins jedoch, um mich in meinem menschsein als etwas besseres zu fühlen, die gesetze der welt zu mißachten und zu verschmähen, sie zu verletzen und gegen sie zu handeln, mich aufgrund meines bewußtseins selbst zum gesetz der welt zu machen, mag ich (kurzsichtig gesehen) nach außen hin zwar viel macht beweisen, tatsächlich jedoch verhindere ich, zerstöre ich, bringe ich mich selbst aus dem gleichgewicht und mit mir das, was mich umgibt.

die welt, wie sie heute ist, ist so, weil menschen das

männliche prinzip (vgl. Sukie Colegrave, Yin und Yang, Fischer tb 3335, S. 89) zum gesetz machen. die erde ist nahe daran, völlig aus dem gleichgewicht zu geraten.

etwas, das aus dem gleichgewicht gerät, wird eines tages stürzen. und die daran beteiligten stürzen mit. die gesetze der welt aber werden sich so oder so erfüllen. will ich hexe sein, lautet meine verpflichtung, diese gesetze zu studieren. ohne sie kann ich nicht hexen.

hexen ist: auf der spur dieser gesetze zu wandern und sie anzuwenden.

es gibt das entsetzliche wort:
macht euch die erde untertan.

dieser satz beinhaltet die schrecklichste wortmagie, die ich kenne. er rechtfertigt alle morde an der natur, alle zerstörungen, nicht zuletzt rechtfertigt er die unterdrückung der frau (ist sie doch der erde so ähnlich).

wie kann es sein, daß solche worte mit solchen folgen so lange überdauern?

gehe ich davon aus, daß nichts neu erfunden wird, erst recht nicht das, was in der bibel steht, wo liegt dann der fehler? in der übertragung, der übersetzung?

die praktischen folgen eines solch tödlichen mißverständnisses sind allzu sichtbar. wo aber liegt der sinn?

ich gehe davon aus, daß die bibel nur eine teilweise (eigenartige) niederschrift der wahrheiten und weltgesetze enthält, die zu ihrem verständnis viel abstand und wissen um eine noch ältere geschichte erfordert.

bemühe ich meine phantasie, komme ich auf die idee, daß die politik der letzten jahrtausende auf der mißverständlichen auslegung eines gedanken fußt, der viel älter ist und möglicherweise sehr wichtig:

habe ich bewußtsein, kann ich handeln, gestalten, wollen. ich habe die fähigkeit, das, was vor mir liegt zu formen, zu verändern, zu verschönern, zu zerstören, zu lenken, zu entwickeln, zu beeinflussen.

die natur hat mich mitverantwortlich gemacht. ich müßte mir darüber im klaren sein, daß sie — die göttin — von mir ko-operatives verhalten erwartet.

sie muß enttäuscht sein.

die bibel verrät viele geheimnisse, manche verdreht. eines davon ist die verstoßung aus dem paradies.

eva wagte es, vom baum der erkenntnis zu essen, adam hätte sich nie getraut. eva also brachte das wissen um

„gut und böse“ (was ich als das verständnis der weltgesetze sehen kann) in das menschliche leben. und tatsächlich ist es auch in viel älteren zeiten die frau, die das wissen in sich trägt, über eine tiefe erkenntnisfähigkeit verfügt. eine aufnahmefähigkeit und eine gebärfähigkeit (im sinne von schöpfung). im ständigen bemühen männlicher rechtfertigung und des männlichen aufbaus von macht mag die bibel ersonnen haben, aus evas fähigkeiten eine schuld zu machen und adam damit die verantwortung für das ganze geschehen abzunehmen (die männliche freiheit?).

es ist so praktisch, frei von schuld zu sein. und noch praktischer, wenn diese schuld ein für allemal bei anderen festgelegt und gültig gemacht wird.

mit dem bewußtsein war das paradies vorbei, die trennung von pflanze und tier vollzogen. die mitverantwortung ausgesprochen. für eine frau ist dies leichter anzunehmen, weil sie sich weniger stark von der natur getrennt erlebt.

deshalb jedoch ist es auch nicht verwunderlich, daß männer der schmerz über den verlust des paradieses stärker trifft.

was anderes sind die letzten jahrtausende als ein versuch, sich für diesen verlust zu rächen und die weibliche fähigkeit der erkenntnis, das uralte wissen, zu besiegen, wettzumachen, was heißt, zu unterdrücken oder zu vernichten.

und wir frauen. was tun wir?

was haben wir getan in der ganzen zeit?

wir haben uns scheinbar bemüht zu vergessen.

wir haben die last der schuld auf uns genommen, verinnerlicht und stillschweigend getragen. leidend.

das vergessen hat uns träge gemacht, die schuld hat uns ängstlich gemacht. wir verzagten. wir gewöhnten uns daran, uns und unsere fähigkeiten zu verleugnen und in den männlichen schatten zu stellen (ohne die schwierigkeit, dafür auch immer eine begründung zu finden).

gänzlich ist es aber nicht gelungen, das wissen auszurotten.

was immer mehr aufwacht, ist eine erinnerung an ein altes wissen und zugleich eine vorahnung der verantwortung, die wir tragen.

hexen ist genau dies: bereit sein, verantwortung zu übernehmen für das, was ich tue und für das, was geschieht.

bei aller erinnerung ist eines wichtig: der weg geht nach vorn. stehenbleiben ist keine bewegung, zurückgehen ist kein wachstum.

wohl muß ich häufig genug nach hinten sehen, um zu wissen, wo ich herkomme. ich muß die geschichte der frauen von ihren anfängen bis ins jetzt nachvollziehen, um zu wissen, was auch ich in mir trage. allerdings darf ich nicht mit neid und verzweiflung zurückblicken (ach, was für beneidenswerte zeiten, als es noch matriarchate gab!). jede zeit hat ihre eigenen vorzeichen. nie läßt sie sich zurückdrehen und nie läßt sich wiederherstellen, was einmal gewesen ist. meine mögliche chance ist jedoch, aus dem zu lernen, was gewesen ist, um herauszufinden, wo wir hinkönnen.

der blick zurück kann nur die sammlung der kraft sein, die das weitergehen braucht.

zur seite muß ich sehen, um zu wissen, was ist.

denn diese zeit und keine andere habe ich für mich gewählt. kein bedauern ändert das.

deshalb will ich die übeltäter dieser zeit beim namen nennen und ebenso ihre schandtaten.

ich will meine eigenen fehler kennen, um mich zu ändern.

aus dem blick zur seite und dem blick zurück nehme ich die klarheit, die ich brauche für den weg nach vorn.

auf diesem weg gibt es viele fallen.

fallen, die begehbare wege mit berechenbaren zielen vorgaukeln. sie tragen meinen bedürfnissen nach sicherheit und einschätzbarkeit rechnung. sie geben mir halt, ohne daß ich merke, wie sie mich festhalten.

ein weg ist, die augen zu schließen, nichts zu sehen. was ich nicht weiß, macht mich nicht heiß oder das alte kinderspiel: wenn ich die hände vors gesicht halte, kann ich nichts sehen, bin ich nicht da. die haltung, „normal" zu finden, was geschieht, ohne zu hinterfragen, ohne zu verstehen, kommt diesem spiel des augenschließens gleich. die welt ist eben (?) so.

eine andere falle ist, die ganze wahrnehmung auf eine sache zu stützen, sich auf einen punkt zu konzentrieren.

es ist so bequem in dem großen verwirrspiel (leben), eine sache zu der großen wahrheit zu machen — wie fremd sie auch sein mag. der einstieg ist der entscheidende schritt, dann ist der weg vorbereitet, zuverlässig und halt gebend. alle handlungen haben einen rahmen, der schützt und zugleich zu folgehandlungen berechtigt.

das kann eine politische richtung sein oder eine religiöse.

hiermit möchte ich weder politische noch religiöse aktivitäten verdammen. ich halte es allerdings für wichtig, bei allem eine gewisse innere distanz zu bewahren, die fähigkeit zu erlernen, eine sache von innen und von außen zu betrachten.

gelingt mir das nicht, laufe ich gefahr, auf meinem innersten weg auf der stelle zu treten (was nach großer aktivität aussieht).

ich bin erstaunt, wie viele frauen — feministische frauen, bewußte frauen — sich beispielsweise zu religiösen sekten hingezogen fühlen. anscheinend finden sie dort ein konzept, regeln und methoden, die ihnen die zerstreute frauenbewegung nicht bieten kann. das ist verständlich in einer zeit, da alte muster und regeln (die zwar einengen, aber auch halt geben) ins wanken geraten, während neue noch keine namen und keine fertigen wege haben.

es gab immer regliöse (und politische) führer, die sich den zeitgeist und die ängste ihrer zeit für ihre jeweilige interpretation der wahrheit zunutze machten. im namen des letzten großen religiösen führers wurden jahrtausende der unterdrückung und zerstörung gerechtfertigt (dies, ohne zu leugnen, daß auch die bibel viele lebenstaugliche worte enthält). alle expansiven politischen wie religiösen richtungen halte ich deshalb für sehr gefährlich.

es gibt keine spirituellen patentrezepte, die gleichsam für mich und für jemanden am anderen ende der welt gelten. wenn ich nach solchen suche, muß ich mich verirren.

wohl ist die wahrheit überall die gleiche. aber von mensch zu mensch, von kultur zu kultur hat sie andere namen. sicherlich können wir voneinander lernen. aber letztlich ist es nur ein gleiches grundmuster, auf dem jede ihren weg in ihrem lebensraum geht.

leben heißt bewegung. leben heißt ent-wicklung.

die vielen bequemen lösungen, die mir auf meinem weg angeboten werden, nicht anzunehmen und stattdessen meine ureigenen lösungen zu finden, das ist meine chance.

hexen heißt auch, sich nie festzulegen, wie etwas unbedingt zu sein hat.

ich bin eine hexe. ich bin eine frau.

eine fähigkeit kenne ich, die mir immer den weg weisen wird, wenn ich sie achte.

es ist meine intuition.

„nutze immer deine intuition. du kannst kein problem auf der ebene lösen, auf der es entstanden ist.“

agnes whistling elk

die trennung von denken und fühlen, denken und handeln, fühlen und handeln war frauen nie eigen. das wurde verdreht zu: frauen können nicht denken. lange genug haben männer sich selbst (und damit auch frauen) eingeredet, man(n) müsse sachlich(?) sein, keine gefühle in entscheidungen und handlungen bringen. völlig außer acht lassen, daß intuition mehr ist als gefühl, sie ist die sprache, die den menschen mit den weltgesetzen verbindet. frauen haben den vorteil, diese sprache zu kennen, ohne sie lernen zu müssen.

männer müssen sie wohl auf schwierige weise erst erlernen. dies mag ein grund dafür sein, daß intuition häufig zu gefühlsduselei herabgewürdigt wird. wie viele frauen haben diese einstellung einfach übernommen?

ich aber bin eine hexe, in meiner welt spielt intuition eine wesentliche rolle. darin bin ich jedem, der sie nicht ernst nimmt, überlegen.

sie ist wegweiserin in meinem leben. wie sehr ich ihr vertrauen kann, wie sehr sie mich leitet, ist ein maß dafür, wie nah ich mir bin. sie verläßt mich nur, wenn ich mich von mir entferne. dann schweigt sie.

dann bin ich meinen gedanken ausgeliefert. schlimmstenfalls gewinnen sie macht über mich. sie laufen in sämtliche winkel und überhäufen mich mit stimmungen, die ich nicht mehr beeinflussen kann.

meine intuition dagegen ist klar. habe ich gelernt, sie zu hören, gibt sie mir praktische anweisungen.

erst wenn ich anfange, über sie nachzudenken, sie in zweifel ziehe, wird sie still und überläßt das feld den gedanken.

das heißt keineswegs, daß ich mich ständig darum bemühen sollte, meine gedanken abzustellen, meinen geist zu verdammen.

im gegenteil: ich will lernen, jeder meiner fähigkeiten genügend raum zu lassen. dazu gehört, daß ich meinen geist schärfe. (die fehlannahme, daß männer frauen darin überlegen seien, ist wohl zwischenzeitlich entlarvt). ich muß mich nur hüten, im eifer des geistes meine intuitiven fähigkeiten zu vernachlässigen.

denn noch immer werden bei uns die rein geistigen fähigkeiten in den vordergrund gestellt.

sie gelten als „bildungs"-grad, weil sie am ehesten meßbar, abfragbar, nachprüfbar sind. außerdem entsprechen sie dem vorherrschenden männlichen prinzip und seinen normen. geistige fähigkeiten und handwerkliches können werden in verschiedene stufen eingeteilt und gewertet.

all diese fähigkeiten sind kontrollierbar, voraussehbar,

lenkbar und leicht einzuschätzen. sie sind also ungefährlich.

intuition ist gefährlich. sie ist nicht zu planen und nicht einzuschätzen. sie erzeugt angst, sie ist hexerei.

sie läßt sich nicht beibringen und nicht abfragen, ist keiner kontrolle unterwerfbar.

da genau fange ich feuer. als hexe ist meine intuition mein größtes wissen, worüber ich alles weitere lernen kann, was ich noch zum hexen brauche.

ich will meinen geist achten und ihn stärken, um mich nicht selbst zu begrenzen. ich will meine körperlichen fähigkeiten schätzen und ausbauen, damit ich sie einsetzen kann, wann immer ich sie brauche.

meine intuitiven fähigkeiten sind es, die mich zur hexe machen. ihre botschaften zunehmend und immer genauer zu hören und zu verstehen, das ist der wichtigste teil meiner lehrzeit. — und der geheimste teil.

als hexe muß ich vielseitig sein und nicht einschätzbar. ich muß mich verwandeln können, gleich nicht mehr die von eben sein. ich darf nicht faßbar sein, damit mich nieman(n)d festhalten kann.

bevor ich das neue feuer zu stark in mir entfache, will ich etwas bedenken:

es gibt grundregeln jeglichen zauberns, jeglichen hexens.

mit meiner neuen wahrnehmung beginne ich zu wachsen, ich spüre meine macht und nutze sie. ich sehe, daß ich zu gestalten beginne. eines muß ich jetzt wissen.

nicht ich bin dabei wichtig. die gefährlichste falle ist es, machtsüchtig zu werden. der versuch, meine umgebung *mir* zum vorteil einzurichten. ich lerne nicht hexen, um mich an meiner macht zu erfreuen.

ich stehe immer in einem zusammenhang, in welchem ich eine aufgabe wahrnehmen muß. diese aufgabe zu finden und sie zu erfüllen, dem gilt mein lernen. wissen ist macht. macht ist verantwortung. das verpflichtet mich dazu, im höchsten maß aufmerksam zu sein auf meine handlungen und ihre wirkungen.

alle wirklich großen hexen, zauberinnen, medizinfrauen haben ehrfurcht. sie alle dienen einer höheren wahrheit, die viele namen hat, wenngleich sie dieselbe ist.

hexen verlangt von mir eine demütige haltung, ein dem-leben-gegenüber respektvolles verhalten.

verweigere ich das, begebe ich mich auf den irrweg einer magie, die mir selbst am ende am meisten schadet.

hexen ist eine art, bewußt zu sein und bewußt zu wirken.

jede hexe weiß, daß sie die gesetze nur dann erfüllt, wenn sie ihr wissen weitergibt (agnes whistling elk: „lehrer wollen, daß ihr wissen gestohlen wird"). sie vertrauen darauf, daß ihre intuition ihnen die richtige zeit, die richtige art und die richtigen menschen zeigt.

die wirkung, die hexen haben, ist noch immer abschreckend. zu tief sitzen die urteile, die eingepflanzten bilder und die ängste. hexen sind auch heute noch gefürchtet. von frauen wie von männern. spreche ich gegenüber frauen von hexen, spüre ich eine seltsame art von ablehnung. es ist wie ein ängstliches interesse, unangenehm, befremdlich. die angst dazuzugehören, läßt sie sich, so gut es geht, davon distanzieren.

männer (etwas aufgeschlossenere) reagieren weniger befremdet.

sie sind auf eine *mir* unangenehme weise interessiert. eine mischung aus faszination, bewunderung und furcht. ich bin vorsichtig mit dem, was ich sage. sie könnten es, wenn die furcht überwiegt, gegen mich verwenden.

das wort hexe setzt viel in bewegung.

bei manchen frauen, die die hürde der angst überspringen, entfacht es immerhin ein feuer.

die wirkung ist die des weckens. ein vergleich ist möglich, von ähnlichen erfahrungen, ähnlichen träumen.
den weg und die art, sich selbst — die hexe — zu finden, muß jede frau selbst wählen und selbst gehen.
es gibt keine muster und keine karten.
wir betreten ein land, für das wir eigene karten entwerfen müssen. unser wissen und unsere erinnerung sind das handwerkzeug, das wir bereits mitbringen.

wo aber sind unsere lehrerinnen?
mir ist sie noch nicht begegnet, die eine große lehrerin, die mich unter ihre fittiche nähme.
vielleicht bin ich noch nicht so weit.
möglicherweise müssen wir aber auch ohne große lehrerinnen auskommen. immerhin haben wir selbst zu lange zeit zu viel vergessen und keine tradition — sei sie auch noch so geheim — hat das wissen der hexen aus alter zeit in unsere Zeit hinübergerettet.
ich bin hier und jetzt. eine hexe in dieser zeit. wenn ich der alten hexe nicht begegne, muß ich das, was ich wissen will, so im jetzt lernen.
ich bin meine eigene lehrerin. meine erinnerung lehrt mich, meine intuition. lehrerin ist alles, was mich umgibt. andere frauen, andere menschen, die tage und die nächte, der lauf von sonne und mond, die bäume und die vögel und die wolken, auch meine wiederholungen, meine begegnungen und meine feinde.
wichtig ist, daß ich die augen öffne und aufmerksam bin, um die steine meines großen mosaiks zusammensetzen zu können.
dies ist sicher schwieriger als eine große lehrerin zu haben, die mir den weg weist. es dauert auch länger.

aber wenn ich darauf vertraue, das wissen dazu in mir zu tragen, werde ich es auch finden.

ich bin erst am anfang.

was ich schreibe, ist das, was ich bis hierhin weiß. und das, was ich in meinen leben praktisch anwende.

hexen ist ein einfluß auf die wirklichkeit, den die meisten menschen für unmöglich halten.

die grundkenntnisse, die ich zum lernen des hexens brauche, sind nicht kenntnisse wie schulstoff, den ich mir aneignen kann.

diese grundkenntnisse sind vielmehr eine bestimmte art zu denken und wahrzunehmen, eine besondere art und weise zu sein.

ich muß *werden*. erst wenn ich schließlich *in mir auf meine art* geworden bin, dann nützen mir auch hinweise, regeln, formen und formeln.

all diese zauberformeln, rituale, orakel, karten — sind jedoch nicht mehr als symbole, hilfsmittel, äußere erscheinungen der kunst.

hexen ist ein innerer prozeß, eine innere haltung.

ohne das entsprechende sein sind alle hilfsmittel, formeln und tricks nutzlos und leer.

es beginnt leise. fast unmerklich.
ein gewisses unbehagen. etwas stimmt nicht mehr.
was ich tue, macht mich müde. was ich denke, gibt mir keine kraft. ich werde lustlos.

ich habe lange gebraucht, um aufzuwachen.
lange zumindest in anbetracht dessen, daß ich schon früh wußte; daß etwas unbestimmbares, unbenennbares anders sein müßte. die zähigkeit, die ich mir selbst gegenüber bewies, ist bemerkenswert.
eine zähigkeit, bei einer sache zu verweilen, die mir nicht gut tut beziehungsweise eine sache *so* weiter zu machen, *wie* sie mir nicht gut tut. zu jammern, zu klagen und doch alles beim alten zu lassen.
bis ich irgendwann wirklich aufwachte und sah: die welt, wie ich sie mir vorstellte, mußte ich völlig umstürzen. das heißt nicht, daß ich nicht immer wieder zäh bleibe, zäh bis ich begreife, daß ich mich ändern muß, daß ich etwas ändern muß.
die merkmale sind immer die gleichen.
eine kleine unzufriedenheit wird größer. ich liebe den tag nicht mehr. ich verbrauche viel zu viel kraft damit, mich abzugrenzen. ich sehe die welt gegen mich gerichtet. ich fühle feinde, ich fühle mich verletzlich, unterlegen, ausgeliefert, mißverstanden und chancenlos.
ich brauche viel energie, um mich überhaupt am leben zu halten.
ich re-agiere mehr, als daß ich agiere. ich gestalte nicht mehr.
ich merke, wie ich wichtiges aus der hand gebe.

lange habe ich ein leben geführt mit dem wissen, daß etwas darin fehlt.
ich hatte angst vor diesem fehlenden, nach dem ich mich zugleich sehnte.
jetzt, in der erinnerung, wenn ich schritt um schritt

zurückverfolge, finde ich augenblicke, die mir besondere begegnungen waren.

sie berührten dieses gewisse etwas, sie brachten etwas in mir zum klingen, woran meine sehnsucht hing, was ich aber noch nicht derart begriff, daß ich es in mein leben miteinbeziehen konnte.

ich kann es lediglich als einen seelischen zustand beschreiben, eine verbindung zu etwas unerklärlichem, das in einer sprache mit mir redete, die ich noch nicht verstand.

einmal erlebte ich solches auf einem camping-platz in der bretagne.

das zelt stand an einer dichten hecke, die den platz von der straße trennte. ein einziges mal ertönte von der straße her eine panflöte. es waren so wunderbare töne, daß ich erstarrte. ich hatte das unerklärliche gefühl, diese töne meinten mich. ich lief zur straße, um zu sehen, wer dort spielte; aber die straße war leer und keine flöte klang mehr.

ein anderes mal vernahm ich es in meinem ersten urlaub auf kreta.

mit zwei anderen war ich auf einer kleinen wanderung. etwas abseits vom weg lag ein uraltes verfallenes kloster. ein paar leute wohnten dort. mir sagte der ort sehr zu, aber ich hatte keine zeit, zu verweilen, weil die beiden anderen weiter wollten, sie waren schon vorausgegangen. auf der straße oberhalb des klosters lief ich langsam hinterher. plötzlich klangen flötentöne vom kloster herüber. vielleicht war es eine einfache blockflöte.

ich aber hörte sie, als würde auf meiner seele gespielt. ich konnte keinen schritt mehr weitergehen. dieses mal wußte ich immerhin, daß ich zurückkehren würde an diesen ort, um anzufangen.

ich habe lange studiert. ein studium, das mich anfangs faszinierte. es war die idee, die ich in meinem innern spürte: heilen als eine sammlung von wissen, über ein einzelnes fach und über rein wissenschaftliches wissen hinausgehend.

ich war bald ent-täuscht . . . ich trug mich jedes jahr erneut mit dem gedanken aufzuhören, aufzugeben. nur, ich konnte es nicht lassen. die idee war noch da, der verblassende ursprüngliche traum. ich schleppte mich von vorsatz zu vorsatz. es gab genug gründe, weiterzumachen und nur einen einzigen, aufzuhören: ich fand mich nicht wieder in diesem studium und nicht in dem, was später mein beruf sein sollte. das genügte noch nicht.

ich begann schleppend zu werden. zwang mich, perspektiven zu entwickeln, kämpfte mit windmühlenflügeln und fühlte mich auf verlorenem posten. je näher ich meiner uridee kam und je näher ich meinem selbst kam, desto mehr wußte ich: hier bist du nicht richtig.

eine sache zu tun, zu der ich nicht ja sagen kann, an einem ort zu sein, an den ich nicht hingehöre, in einer beziehung zu stehen, in der ich mich nicht wohl fühle — das raubt mir kraft. so gefährlich viel kraft, daß ich es nicht unterschätzen darf. jede sache, die ich nicht mit einer tiefen inneren entscheidung verfolgen kann, schadet mir mehr als sie mir nützt.

das ahnte ich damals nur vage. ich wußte es nicht. ich spürte meine seele leiden, meine lebenskraft wurde schwach.

viele leben lange so. manche halten es länger aus als ich mir dies überhaupt vorstellen kann. manche leben nie anders.

meine beharrlichkeit, auf dauer etwas gegen mich zu tun, mir zu schaden, scheint doch eingeschränkt zu sein. es dauert allerdings, bis das wissen um meinen zustand meine handlungsfähigkeit erreicht hat. eines tages aber komme ich mit gewißheit an die kreuzung, an der ich mich fragen muß, ob ich das leben wählen will oder den tod. bin ich in der lage zu wählen, bin ich auch in der lage, mein leben in die hand zu nehmen.

es gibt viele hindernisse, die ich erst später als solche erkenne. einer dieser hindernden prozesse ist, daß ich mir ein gefängnis baue. ich selbst setze die gitterstäbe eng und rüttele dann von innen voller verzweiflung. was ich gebaut habe, nehme ich schicksalshaft als gegeben hin, ohne zu ahnen, daß dies meine eigene konstruktion, meine wahrnehmung und meine hindernde wahl ist.

ich fühle mich als opfer, ausgeliefert, in meinen handlungen eingeschränkt. es gibt immer einleuchtende gründe, die mein eingeschränktes dasein rechtfertigen. es gibt genügend umstände und personen, die ich für meinen zustand verantwortlich machen kann, die ich zu meiner begründung, eine situation weder selbst herbeigeführt zu haben, noch sie ändern zu können, heranzuziehen vermag. ich leide.

nach meiner wahrnehmung zu recht. eine befreiung erscheint unmöglich. derart eingeschlossen, bin ich weit von mir entfernt. nur wenn ich genau hinhöre, gibt mir meine intuition noch rat.

ich selbst zehre an meinen kräften und das, was mich umgibt, zehrt an meinen kräften. denn ich bin verletzlich und für alle widrigkeiten und widerwärtigkeiten erreichbar. in einem zustand von kraftlosigkeit halte ich mich am leben.

was ich an freiheit träume, kleide ich in begrenzte reisen, in begrenzte abenteuer.

mein gefängnis kann meine arbeit sein oder mein studium, der ort, an dem ich lebe, die menschen, mit denen ich lebe oder auch eine große liebe.

es gibt nichts, was wirklich geschützt ist, wenn ich die

innere haltung habe, mir diese einengenden mauern zu bauen.

daß ich das tue, merke ich daran, daß ich eine gewisse art von selbstmitleid entwickele.

das selbstmitleid ist einer der größten feinde auf meinem weg, hexen zu lernen. es kann mich um wesentliche schritte zurückwerfen.

was ich lernen kann ist, es so aufmerksam wie möglich wahrzunehmen, damit ich mich schon bei den kleinsten anflügen des selbstmitleids erwische. dann ist das selbstmitleid die tönende glocke, die mich warnt:

noch genauer hinsehen und noch genauer hinhören.

was tue ich eigentlich gerade jetzt und zu welchen zweck?

selbstmitleid ist immer eine folge von entscheidungen, die ich nicht wirklich innerlich getroffen habe oder gar nicht erst treffen wollte.

es tritt nur auf, wenn ich mich so wichtig nehme, daß ich bemitleidenswert bin.

jede form von leiden ist selbstmitleid. es übernimmt eine funktion im leben. in gewisser hinsicht schützt es mich davor, dinge zu sehen, die mir angst machen, die mich zu bedrohen scheinen, weil sie etwas von mir verlangen. ich ziehe daher einen bedauernswerten zustand vor; denn das, was ich mit dem leiden zu verbergen suche, klingt zu hart:

es ist die tatsache, daß ich nichts und niemanden als mich selbst für den zustand verantwortlich machen kann, in dem ich mich befinde und niemand anderes als mich selbst für das, was mit mir und um mich geschieht. im angesicht meines bevorstehenden todes (das heißt im angesicht eines lebens, das nicht ewig währt) kann ich nur eines machen: verantwortung übernehmen.

es ist das einmaleins jeder hexerei einzusehen, daß alles, was ich tue, und alles, was mit mir geschieht, meine eigene wahl ist. niemand sonst macht etwas mit mir und kein undurchsichtiges schicksal bestimmt mich. ich selbst bin es, die alles wählt.

bin ich bereit, dies als tatsache anzunehmen, bin ich auf dem weg, wirklich verantwortung für mein leben zu übernehmen. das heißt viel: es heißt nämlich, das, was meine wahl ist, derart mein bewußtsein durchdringen zu lassen, daß für mich greifbar wird, *was* ich wähle, *wie* und *warum*. es heißt, die freiheit zu erlangen, meine wahl bewußt zu treffen, mich bewußt zu entscheiden.

das ist der schlüssel zum hexen. nun bin ich es, die bestimmt. selbstmitleid aufzugeben, bedeutet ständig kampf.

ebenso erfordert verantwortung-übernehmen jedes mal erneut die überwindung eines heftigen inneren widerstandes.

ich muß wachsam sein wie ein luchs, will ich nicht in die alten fallen geraten.

etwas bedeutsames ist hier einzufügen:

ich unterscheide leiden sehr vom trauern. leiden ist ein passiver prozeß. trauern hingegen ist ein aktiver prozeß, der einen entschluß voraussetzt. trauer ist ein innerer zustand, ein inneres anhalten und zurückblicken. sie ist ein langer herbst und ein winter, in dem alles erstarrt. trauern ist wichtig. es gehört in einen natürlichen kreislauf, in dem sich aus dem untergang einer alten eine neue lebenskraft entwickelt.

mich traf die erkenntnis, wenn ich mein leben selbst gestalten will, auch selbst die verantwortung übernehmen zu müssen, wie ein vulkanausbruch, eine innere revolution.

es gab kein halten mehr.

meine entwicklung konnte ich nicht mehr meinen eltern anlasten, meine kranke seele nicht mehr einem falschen studium, die enge in mir nicht mehr den menschen, mit denen ich lebte, mein unbehagen nicht mehr dem ort, an dem ich lebte.

ich scheute mich vor dieser unbequemen sichtweise und geriet zunächst völlig durcheinander. ich wußte nicht wirklich, was es eigentlich heißen sollte, noch wußte ich konkret damit etwas anzufangen. ich ahnte wohl, daß alle mauern, alle systeme und vorstellungen die ich mir erbaut hatte, einzustürzen drohten. und ich, unwissend was dahinter sein würde, hatte nichts außer der angst vor einem ungreifbarem schwarzen loch.

meine mauern, mein gefängnis, sie hatten ja auch viele vorteile. sie waren überschaubar, mir vertraut. was mich einengt, kann mich auch schützen. woher sollte ich denn wissen, daß ich die freiheit aushalte?

zumindest die erkenntnis hatte mich jedoch auf einer ebene erreicht, wo ich sie weder unterdrücken noch vertuschen konnte.

ich mußte es wagen.

was begann, war zunächst mühsame kleinarbeit.

bevor ich mich überhaupt in die lage versetzen kann, die freiheit zu wählen, gilt es, genau hinzusehen.

gehe ich davon aus, daß alles, was geschieht, von mir gewählt ist, (zu einem großen teil auch zu meinen ungunsten), muß ich herausfinden, warum ich so wähle.

ich wählte träume, die mich lähmten. damit ich sie träumen konnte, mußten sie in der ferne bleiben.

ich behaupte, daß es träume gibt, die nur dazu da sind, mich in meinem gefängnis am leben zu halten, meine lebendigkeit in meiner sehnsucht zu finden (z. B. einmal richtig in die wildnis zu gehen oder endlich einmal auf einer einsamen insel zu leben etc.) — es sei denn, ich verwirkliche sie tatsächlich. dann sind sie eine herausforderung, eine brücke, diese andere wahrnehmung meines daseins zu entwickeln. aber meist schützen ängste mich davor, diese herausforderung anzunehmen.

mein gefängnis funktioniert gut.

ich wählte krankheiten, weil sie mich ablenkten. sie leisten viel an solcher ablenkung, da sie meistens meine ungeteilte aufmerksamkeit erfordern. erstaunlich eigentlich, daß uns das verständnis dieser lauten und eindringlichen sprache so verlorengegangen ist. was sind denn krankheiten anderes als die wahl einer körpersprache, die mir sagen soll, was meine gedanken nicht zu denken bereit sind?

ich wählte depressionen, zustände von trägheit und mutlosigkeit, ich wählte lebensunlust, ein inneres schweigen und eine große unzufriedenheit, die mir keine chance ließen.

warum erschienen mir diese fluchtmöglichkeiten so viel leichter als die übernahme von verantwortung?

alle diese wahlen sind wegweiser und hinweise, die ich mir selbst gegeben habe, ohne sie jedoch zu beachten. wenn ich einen hinweis nicht beachte, wechsele ich seine sprache. in der hoffnung, den nächsten hinweis besser zu verstehen.

der erste schritt, den ich tun kann in dem ganzen durcheinander, ist, eine große inventur zu machen. ich muß haarklein herausfinden, was ist und was war; alle diese großen und kleinen, einfachen und schwierigen wege muß ich mir ansehen, sie mir wie eine sammlung vor augen stellen. im benennen mag ich schon so viel entfernung erlangen, daß ich beginne zu begreifen, zusammenhänge zu erkennen und wiederholungen zu bemerken.

ich muß sortieren, was wohin gehört, was meins ist, was meins nicht sein soll, was ungewollt in meinen besitz übergegangen ist, was ich loswerden will.

ich steuere damit auf einen ort zu, an dem ich nichts und niemandem begegne, außer mir selbst.

ich kann dort meinen tod wählen und die rückkehr in ein leben, in dem ich nicht die verantwortung übernehme. oder ich kann dort eine entscheidung treffen, die mich in ein leben führt, das mich jeden tag herausfordert.

wähle ich letzteren schritt, habe ich wirklich verbindung aufgenommen zu mir, zu der, die da hexe ist in mir. es wird mir nicht mehr reichen, nur zu wissen daß ich eine bin. sie will leben. sie will wachsen. sie will handeln.

aber da ist die angst.

riesengroß und schein-bar unüberwindlich.

noch immer gilt: wo die angst ist, ist der weg.

praktisch gar nicht so einfach.

manchmal nämlich ist der abgrund fürchterlich nahe.

einige menschen sind mehr gefährdet, andere weniger.

wie viele hexen sitzen in der psychiatrie und müssen ihre nach freiheit dürstende seele und ihren geist, beschwichtigen lassen, schlimmstenfalls mit psychopharmaka.

manche von ihnen finden dort vielleicht trotz allem brauchbare wegweiser und zaubersteine.

deshalb vorsichtig! die angst ist nicht zu unterschätzen. ich muß langsam lernen, ängste zu erkennen und sie richtig zu handhaben.

die angst ist im kleide der feindin die eigentliche freundin, die aber feindin bleibt, wenn ich ihr wahres gesicht nicht erkennen kann.

es gibt immer einen grund, nicht dahinter sehen müssen. auch hier ist es so, daß ich diesen heftigen inneren widerstand erst überwinden muß, um wirklich sehen zu können.

meine angst sagt mir, wo ich in meinem leben bin. sie zeigt mir, wessen ich fähig bin, was ich bereits kann und was ich noch nicht kann. im günstigen fall schützt mich meine angst. sie warnt mich davor, einen schritt zu tun, der mir schaden könnte.

meine angst vor einem abgrund ist eine sehr berechtigte angst. sie hindert mich daran, einen schritt zu weit zu gehen, einen schritt zu tun, auf den ich nicht vorbereitet bin. sie weist mich also auf meine innere haltung hin.

meine angst erscheint mir wie ein ständiges verwirrspiel. komme ich ihr nicht auf die schliche, hält sie mich zum narren.

deshalb muß ich herausfinden, wann sie mich hindert (und damit lähmt), wann sie mich schützt und wann sie mich auf den weg bringt. wo immer ich einen abgrund sehe, bekomme ich angst. ich meine die unzähligen sich auftuenden inneren abgründe, wenn ich es wage, vertraute wege und gewohnheiten zu verlassen und mich in neuland zu begeben. meine angst ruft mich ins vertraute land zurück.

gebe ich dem nach, bin ich auf sie hereingefallen.

ich denke, sie schützt mich und meide den abgrund.

ohne zu beachten, daß die abgründe, die neuen wege in mir, erkundet werden wollen. ich muß springen, ich muß losgehen, ich muß zunächst auf den grund gehen, wenn ich meine stärke, meine macht, meine idee finden will. bevor ich springe, muß ich mich allerdings sammeln. denn die überwindung der angst benötigt kraft und eine innere festigkeit.

an jedem tor steht sie, die angst als wächterin. ich weiß nur, daß ich hindurchgehen muß, wenngleich ich noch nicht sehe, was dahinter liegt, weil sie alles verbirgt.

angst ist eine herausforderung. sie nicht anzunehmen, hieße stehenbleiben, sich nicht weiterzuentwickeln. sie anzunehmen, verlangt bewußtsein darüber, daß ich eine herausforderung nur dann annehmen kann, wenn ich vorbereitet bin (das heißt, wenn ich mich stark genug fühle, diesen kampf einzugehen).

angst ist eine frage meiner wahrnehmung, die von tag zu tag unterschiedlich sein kann. bestimmte dinge können mir an einem tag angst machen, am anderen nicht. die gründe hierfür liegen in mir selbst, in meiner art zu sein.

ich muß diese ängste unterscheiden und zuordnen lernen.

nie dürfen mir die ängste verlorengehen, die mich schützen sollen, weil ich unvorbereitet bin. sie gehören zu meiner tiefen intuitiven wahrnehmung.

den anderen muß ich lauschen wie einer geheimen botschaft. sie weisen mir den weg. im weitergehen lasse ich sie hinter mir.

meine erfahrung damit war folgende:

um die unterschiede herauszufinden, um zu differenzieren, was mich schützt und was mich lähmt, mußte ich mich mit meinen ängsten auf die probe stellen. wer sich hüten will, muß sich auch wagen.

eine meiner größten ängste ist meine dunkelangst (wenn ich alleine bin). gleich danach kommt meine angst vor schlangen.

auf einer reise in griechenland wählte ich mir eine höhle als schlafplatz. kam ich nachts aus der taverne, mußte ich an einer stelle vom weg abzweigen zum strand hin. es war ein kleiner pfad, der zu meiner höhle führte. bis zu dieser abzweigung merkte ich nur meine übliche unruhe in der dunkelheit, eine unbestimmte angst. als ich dann den pfad betrat, setzte sie voll ein. die angst packte mich so, daß ich herzklopfen bekam. ich hatte mir aber zur aufgabe gemacht, alleine in dieser höhle zu wohnen, das half mir.

obwohl ich nie wußte, was mich erwartete, war es

dann doch immer so, daß alles ruhig blieb. ich, allein an einem berghang, von dem aus ich weit ins land und weit auf das meer sehen konnte. ich zündete eine kerze an, weil ich es zum einen gemütlich haben wollte, zum anderen aber, um mich noch mehr auf die probe zu stellen: ich sprach mit dieser kerze meine große angst an, gesehen zu werden, ohne selbst zu sehen. das licht konnte weit bis ins nächste dorf gesehen werden. wer die gegend kannte, wußte damit sofort, daß dort jemand in der höhle war. ein anderes war, daß ich nie das gefühl hatte, wirklich alleine zu sein in der höhle. unsichtbare wesen wollten hier auch ihr wohnrecht. hatte eine schlange ihr domizil in den sträuchern am rand der höhle? ich bekam sie nie zu gesicht, ich hörte sie nur öfter rascheln.

jeden abend sagte ich der schlange und den höhlengeistern gute nacht, nachdem ich mich trotz meiner angst einigermaßen wieder beruhigt hatte.

manche nacht schlief ich unruhig und träumte heftig, die meiste zeit aber schlief ich gut. wenn mich morgens die sonne weckte, konnte ich nie begreifen, wovor ich am abend zuvor angst gehabt hatte.

allmählich gewöhnte ich mich an meine bleibe, so daß ich es mir abends oft genug noch gemütlich machen konnte, ohne angst zu haben. während der ganzen zeit hat mich keine schlange gebissen und ich bin von niemandem belästigt worden.

ich bin mir sicher, daß das mehr als glück war. aber auch: je weniger angst ich habe, desto weniger ziehe ich die gefahren an.

als ich meine höhle endgültig verließ, wußte ich, daß ich ein großes kapitel uralter ängste dort zurückließ.

nicht alle ängste und nicht für immer, denn das geht nicht. einmal gewählte ängste können in der gleichen form immer wieder auftreten. sie sind ein maß für meinen seelischen zustand. habe ich sie allerdings einmal bewältigt, kann ich jedes weitere mal auf diese bewältigung zurückgreifen. ich verliere nicht wieder die gewißheit, sie auch überwinden zu können.

ein anderes mal reiste ich nach lappland, um dort alleine zu wandern. es war schon lange mein traum gewesen, dies zu tun. aber die angst, alleine zu wandern, hatte mich bisher davon abgehalten. sicherlich eine berechtigte angst, denn die wildnis kann gefährlich werden, wenn ich sie unterschätze. immerhin kannte ich das land ein wenig aus vorherigen reisen.

eines tages war ich bereit, meinem traum zu folgen. mit rucksack und proviant brach ich auf, genaue karten und kompaß in der tasche.

alles ging gut, solange die pfade einigermaßen betreten und gekennzeichnet waren. ich erreichte hütten zum übernachten ungefähr so, wie ich es eingeschätzt hatte. bis ich eines tages an einer stelle war, wo ich wußte: von hier aus geht es nur querfeldein weiter, also nur mit kompaß. ich dachte noch einmal alle vernünftigen gedanken durch: wie gefährlich es war, was mir alles passieren könnte. ich wußte, es war verrückt, aber ich mußte es tun. mit meiner angst im genick ging ich los, mit größtmöglicher konzentration achtete ich auf den kompaß. ich ließ ihn nicht aus den augen und entschied mich, komme was wolle. die richtung nicht zu wechseln. nach meinen berechnungen mußte ich mit dieser richtung an einer furt auf den nächsten fluß treffen. hatte ich glück? es gelang. es war keine furt, sondern eine brücke, die mich über den fluß trug. an ihr konnte ich mich orientieren. von dort aus fand ich wieder pfade, sehr verwirrende rentierpfade, die sich kreuzten und in alle richtungen weiterliefen. es kostete mich einigen mut, mich für eine richtung zu entscheiden. schließlich folgte ich einem pfad, der mir nach karte richtig erschien. er führte auf eine anhöhe, hinter der ich einen weiteren fluß erwartete. soweit war ich richtig. ich stieg auf der anderen seite zu diesem fluß hinunter. einen kilometer flußabwärts sollte laut karte eine hütte liegen, also nicht zu verfehlen. merkwürdigerweise begann dort eine neue angst. vielleicht hatte mich bis dahin die konzentration davon abgehalten, angst aufkommen zu lassen. jetzt jedenfalls beschlich mich eine diffuse einsamkeitsangst. außerdem schlug das wetter um. ich lief und lief, konnte zeit und entfernung nicht mehr richtig einschätzen.

nach meinem empfinden hätte ich die hütte schon längst erreicht haben müssen. immer wieder kontrollierte ich die karte, verglich die höhenzüge, die biegung des flusses, aber ich konnte nicht mehr genau ausmachen, wo ich mich befand. ich wußte wohl, daß dies das schlimmste war, was mir passieren konnte.

seit einiger zeit waren mir rentierspuren auf dem weg aufgefallen. sie mußten sehr frisch sein, es war, als liefe ein einzelnes rentier vor mir her. mal waren die spuren weg, dann plötzlich tauchten sie wieder auf. die spurensuche lenkte mich ein wenig von meinen ängstlichen gedanken ab. jeden moment rechnete ich damit, das rentier zu sehen. plötzlich kam ich um eine biegung und sah auf einer kleinen halbinsel eine schutzhütte stehen. ich vergaß das rentier, ich war so erleichtert.

viel später, vielleicht mitten in der nacht (die sonne ging zu der zeit nicht unter) lag ich — noch etwas geschafft, aber immerhin zufrieden — in meinem schlafsack. ich hatte schon eine weile geschlafen, als ich von einem merkwürdigen trampeln wach wurde. erst war es vor der hütte, so daß ich dachte, es käme jemand, dann war es wieder hinter der hütte, lief weiter weg und kam ganz dicht heran. ich brauchte eine weile, um ausreichend mut zu sammeln. dann zog ich mich an, um mich zu vergewissern, wer da draußen herumlief. als ich vor die tür trat, stand ein paar meter entfernt ein rentier vor mir. es war sehr jung und sah mich mit seinen großen grauen augen an, als hätte es auf diesen moment gewartet, um mich endlich zu sehen. nach einer weile gegenseitigen anguckens, drehte es sich kurzerhand um und lief davon in die tundra.

hatte es nachsehen wollen, ob ich heil angekommen war, nachdem es mir doch vorher den weg gezeigt hatte?

ich war glücklich und deutete diese begegnung als gutes zeichen. die angst war riesig groß gewesen, aber der weg hatte sich gelohnt. an den grenzen meiner möglichkeiten scheinen immer besondere überraschungen zu warten.

nicht immer kann ich mich so gewaltig ausprobieren. die methoden aber sind die gleichen, im kleinen wie im großen. ich muß bis an meine grenzen gehen, um zu erkennen, daß ich sie noch überschreiten kann. ich muß ängste annehmen und mich ihnen offen gegenüberstellen. ihren anblick zu ertragen lehrte mich, sie hinter mir zu lassen.

die schlimmsten ängste sind jedoch nicht die, denen ich einen namen geben kann. diese anderen sind viel gefährlicher, weil ich sie nicht benennen und damit nicht begreifen kann; sie sind unbestimmt und unerklärlich. und doch sind es gerade diese ängste, denen ich am meisten ausgeliefert bin. sie sind es, denen ich am wenigsten begegnen kann. wenn immer ich sie greifen will, gleiten sie mir aus der hand.

ich kann sie nur beschreiben:

es sind ängste vor der ungewißheit, vor dem nichts, vor der formlosigkeit, vor etwas neuem, die angst vor dem verrücktsein, die angst zu versagen, die angst, das falsche zu tun.

als ich erwog, mein studium aufzugeben, waren es genau diese ängste, die mich zunächst hinderten. die angst, vor dem nichts zu stehen, vor der inneren und äußeren formlosigkeit. die angst, unfähig zu sein, die vor mir stehende leere mit meinem neuen leben anzufüllen. sie hinderte mich solange, bis mein druck, mich zu verändern, so groß wurde, daß ich handeln mußte. und siehe da, die angst verschwand. ich entdeckte neuland, in dem ich mich bewegen konnte.

vor einiger zeit gab ich eine arbeitsstelle auf. ich wollte zwar im gleichen beruf bleiben, hatte aber das gefühl, an dieser stelle nicht mehr richtig zu sein. trotz aller vorherigen positiven erfahrungen, die hinter mir lagen, setzte das gleiche ein: die angst vor der ungewißheit und nachfolgender leere.

vertraute gefilde zu verlassen, kostet immer viel angst.

fast könnte ich die regel aufstellen, mein weg ist dort, wo meine angst am größten ist.

manchmal sind die schlimmsten ängste die vor den konsequenzen. als ich dieses etwas in mir zu spüren begann, diese person, die ich hexe nenne, da wußte ich (nicht wirklich mein geist, mehr mein gefühl) alles, was kommen würde. ich ahnte alles, was ich würde verlassen müssen, alle tode, die ich sterben mußte, alle schutzwände, die ich einreißen mußte, jede disziplin, die ich von mir fordern mußte. es war alles in mir. die angst erschlug mich fast. und sie wuchs mit der befürchtung, daß die hexe es nicht schaffen könnte, das steuer in diesem chaos in der hand zu behalten, sie wuchs mit der ahnung, daß verrücktsein nicht weit entfernt liegt und sie wuchs mit den zweifeln, ob es möglich sein würde, *nicht* vom weg abzukommen, mich nicht zu verlaufen in dem undurchdringlichen urwald, der vor mir lag.

es ging. in kleinen schritten war die angst zu bewältigen. inzwischen gelingt es mir manchmal, die freundin in der angst zu sehen. ich glaube, jede, die die hexe in sich entdeckt hat, weiß, daß die angst ihre ständige begleiterin ist.

aber angst haben und angst haben ist nicht dasselbe.

mit meiner wahrnehmungsfähigkeit und mit meiner unterscheidungsfähigkeit lerne ich mehr als nur die lähmenden ängste von den schützenden zu unterscheiden.

ich sehe auch die wirkungen der angst.

solange ich nicht weiß, daß die angst zu meinem wachstum gehört, solange ich nur angst habe, mich lähmen lassen, ohne ihre gründe zu erforschen, ohne die angst selbst als herausforderung anzunehmen, solange bleibe ich ungefährlich.

die gefahr großer veränderung geht dann nicht von mir aus. in meiner angst bin ich träge, und vor allem: ich bin einschätzbar.

die angsthürde, die jede frau heute überspringen muß, wenn sie sich selbst, eine in sich selbst werden will, diese hürde ist riesengroß. sie ist eine nach innen verlagerte hinderung einer lebendigkeit und einer weiblichen macht.

diese angsthürde zu überwinden, erfordert immer einen wirklichen sprung. ohne den inneren oder äußeren rahmen zu sprengen, ohne den allergrößten mut, ohne dieses fegefeuer — welche frau kann heute ohne all dies ihren weg begehen?

politisch heißt das: die frau, die schweigt, weil sie angst hat, die frau, die nicht lebt, weil sie angst hat, die hexe, die sich aus angst nicht erinnern will: sie ist ungefährlich, folgsam im sinne einer von ihr erwarteten lebens- und verhaltensweise. in ihrer angst ist sie so, wie sie sein soll: einschätzbar.

dort aber, wo sie sich erinnert, dort, wo die hexe wach wird, dort, wo die angst entsteht und das unheimliche wissen, daß die angst immer am tor zum leben steht, da, wo die hexe zu sprechen anfängt und unwillkürlich beginnt, den verstaubten kupferkessel wieder auf den herd zu stellen — da verliert sie ihre einschätzbarkeit, da wird sie politisch, weil sie gefährlich wird.

und es wird für sie gefährlich.

letzteres zu wissen, ist mir sehr wichtig.

nicht, um wieder neue angst zu schüren. doch: nicht ohne grund gab es die hexenverfolgung. wir spüren noch ihre wirkungen. können wir wissen, inwieweit die welt heute wirklich weiter ist?

wenn ich eine hexe bin und als solche lebe, wenn mein beruf das hexen ist, dann lebe ich nach wie vor gefährlich. ich muß nicht nur laut sein und sagen, was ich denke, ich muß auch pfiffig sein und geschickt.

ich brauche viele tarnkappen und will mich doch nicht verstecken. wenn ich eine hexe bin, dann will ich dieses mein leben auch hexisch gestalten und deswegen und trotzdem auf die bestmögliche art überleben.

ich bin kein mißtrauischer mensch, aber meine intuition sagt mir dennoch: sei vorsichtig.

in wörtlicher bedeutung: vorhersehen; das heißt, ich will wachsam sein, um die lauernden gefahren zu sehen. sie rechtzeitig einschätzen, um ihnen begegnen zu können. sie nicht fürchten und nicht vor ihnen zurückschrecken. ich will nur gewappnet sein.

dazu muß ich viel über mich und über menschen lernen. nur menschen können mir wirklich gefährlich werden.

ich bin nicht die hexe, die laut schreiend, durchs land zieht und zerstört, was sie haßt, weil ihr zu viel angetan wurde.

ich bin auch nicht die terroristin, die ihr leben in den dienst gezielter zerstörung stellt.

ich will überleben. ich habe mich dem leben verschrieben und nicht dem tod. wenn ich das, was ich tue, kampf nenne, so ist es ein kampf für lebendigkeit, für wachstum im menschlichen sinne.

wohl habe ich auch zerstörerische kräfte. sie sind nicht zu unterschätzen und wo sie hingehören, will ich sie lassen.

ich bin auch nicht die getarnte, die versteckte, die spionin, die nach außen hin die biederfrau ist. ich will mich nicht verstellen. es schadet meiner seele und meiner kraft.

bin ich hexe, so weiß ich, daß ich viele gesichter habe. keines davon lügt. ich kann mich verwandeln. alles ist möglich. ich bin nicht festgelegt. das ist meine tarnkappe. ich leugne mich nicht, aber liefere mich auch nicht dem tod aus.

tag für tag baue ich an meinen träumen, an meiner vision. schärfe meinen hexenblick, den ich ganz klar und ungetrübt brauche.

eines ist offensichtig: habe ich einmal beschlossen, den weg einer hexe zu gehen, kann ich nicht mehr zurück. es gibt keine umkehr. verlasse ich aber, in schlechten zeiten, meine konzentrierte aufmerksamkeit, bin ich als hexe gefährdeter als jede andere.

allzuviele bequemlichkeiten und unachtsamkeiten kann ich mir nicht leisten. hexen ist eine kunst, die mich ständig fordert. wenn ich sie vernachlässige, wendet sie sich gegen mich *(würde es bei der kunst, als ‚sie' befassen)*.

als hexe muß ich genau und geduldig beobachten können. ich muß wissen, was ist und was vor sich geht. ich muß lernen, geschehen und menschen einzuschätzen, ohne mir fertige bilder zu machen.

ich bin die jägerin, die haargenau die bedingungen kennen muß, unter denen sie jagt und ebenso die gewohnheiten ihrer beute. ohne dieses wissen gibt es kein hexen.

dies erfordert gleichsam inneren abstand zu allem, was geschieht, wie auch eine innere teilnahme an allem, was geschieht.

es ist der zustand, den ich nur ‚unerreichbarkeit' nennen kann. es ist das gefühl, dabei zu sein, zu sehen, beteiligt zu sein, mitzufühlen, mitzudenken, mitzugestalten und sich dennoch eine ferne zu bewahren, eine innere zeitlosigkeit zu schaffen, die frei macht und gleichzeitig den kern festigt.

sie schützt davor, allzu schnell in eine der zahlreich aufgestellten fallen zu geraten, die vom weg abbringen und aufhalten. ich glaube, daß sich erst nach langer zeit das gefühl einstellt, das diesen zustand verdeutlicht.

ich kenne ihn und weiß doch, daß ich ihn immer wieder verliere. inzwischen kenne ich aber meine methoden, diesen zustand schritt für schritt wieder herzustellen — manchmal eine langwierige angelegenheit.

der weg, die hexe in sich selbst zu finden, geht also über eine besondere art der wahrnehmung und aufmerksamkeit.

ich muß die bereitschaft haben, das hinhören (meine intuition) und das hinsehen zu lernen (unabhängig davon, was sich vor meinen augen zeigen wird).

ich lebe mit frauen auf dem land.

weit ab von den universitäten, an denen feministische forschung selbstverständlich geworden ist. weit ab von den großen städten, in denen frauen sich einen eigenen lebensbereich erobert haben.

hier auf dem land sind wir frauen mit unseren träumen noch immer eine seltenheit, eine besonderheit, auch wenn in der nähe schon gelegentlich andere frauen mit ähnlichen träumen auftauchen.

es scheint so, als gäbe es hier noch lange nicht, wie anderswo, die freiräume für hexen und für frauen überhaupt. der norden ist etwas träge. hier wagt sich so schnell keine hoch. hier ist noch nichts vorbereitet. wir sind die äußerste ecke eines großen spinnennetzes, das wir kaum überblicken können.

auch die menschen hier oben sind bedächtig. es dauert lange, bis sie ihre scheu und ihr mißtrauen beiseite legen. aber wenn sie es tun, dann sind sie aufgeschlossen, interessiert und aus tiefem herzen freundlich.

inzwischen wundert sich der förster nicht mehr, wenn wir unseren bedarf an tannenstämmen für einen schafstall kund tun. er trifft sich mit uns im wald und zeigt uns, ohne eine miene zu verziehen, die bäume, die wir fällen dürfen. er sagt uns, was wir bezahlen sollen für den baum. ein freundliches aufwiedersehen.

er kennt uns seit jahren. er hat sich daran gewöhnt, frauen dinge tun zu sehen, die für frauen nicht gewöhnlich sind.

nicht anders begegnen uns die bauern der umgebung. sicherlich lächeln sie noch manchmal über uns, aber sie haben auch respekt. eine freundliche plauderei und den obligatorischen gruß läßt niemand aus.

ich brauche mich nicht zu verstecken. ich bin freundlich und, vor allem: ich tue das, was ich tue, mit einer selbstverständlichkeit, als hätte es nie etwas anderes gegeben.

mit dieser selbstverständlichkeit schaffe ich eine wirklichkeit, erschaffe ich tatsachen, um die keiner herumkommt.

sicherlich reden sie im dorf über uns. ein dorf braucht seinen klatsch. und etwas so sonderbares wie mehrere frauen in einem haus eignet sich geraume zeit hervorragend, die gerüchte im dorf in schwung zu halten. ganz allmählich hat das gerede abgenommen. unsere beständigkeit hat einiges eis gebrochen. solange bei uns keine großartigen änderungen stattfinden, muß wieder anderes für die klatschküche herhalten.

wenn ich bewußt lebe wie ich bin, das erstaunen meiner umwelt herausfordere, schaffe ich freiräume, diejenigen, die nach mir kommen, werden dann auf wege stoßen, die schon begehbar geworden sind.

die regel bleibt:

ich muß dabei mächtig sein. schwachstellen nach außen hin kann ich mir kaum leisten. insbesondere dann nicht, wenn ich im brennpunkt der beobachtung stehe. viele warten darauf, fehler zu entdecken und schwierigkeiten, anhand deren sie ihr weltbild wieder bestätigen können.

es bleibt:

nur eine offene selbstverständlichkeit, eine sicherheit, in dem, wie ich lebe, sowie die überzeugung, meine wahl richtig getroffen zu haben, ebnen mir die wege. ich darf nicht warten und nicht lange unsicher fragen, nur mein handeln überrascht und überzeugt.

die kehrseite ist meine vorsicht, die ich bei allem nicht vergessen darf.

ich muß wahrnehmen, wie ich wirke. ich muß wissen, worin ich schon mächtig genug bin und worin nicht.

ich muß wissen, daß ich nur so lange in sicherheit bin, wie ich auf der hut bin.

das ist schwer.

einerseits zu wissen, daß ich nach außen hin meine schwächen verbergen muß, andererseits einen weg zu gehen, auf dem ich mit mir selbst zu kämpfen habe und oft auch mit denen, die mit mir gehen. in zeiten, die mich haltlos machen, in denen ich angst habe und unsicher bin, in denen ich mühe habe, immer wieder auf den richtigen weg in mir zu lauschen, brauche ich gleichgesinnte. ich brauche vertraute, freundinnen, begleiterinnen. ich brauche eine art insel, die mir zuflucht gewährt, auf der ich mich ganz und gar zeigen kann, sowohl in meiner stärke, als auch in meiner hilflosigkeit. ich muß mich und mein wirken auf andere aushalten können.

die welt draußen ist unerbittlich.

was ungewohnt ist, was abweichend ist, was hexisch aussieht: es wird immer im licht eines sehr fraglichen interesses stehen. bewundert zur hälfte, zur hälfte gehaßt. in jedem fall unheimlich und einigermaßen bedrohlich.

eine gewisse strenge mit meiner aufmerksamkeit gibt mir vielleicht die chance, rechtzeitig zu erkennen, wann es für mich gefährlich wird.

ich bin forscherin in zwei welten.

eine davon ist eine insel, die mir als zufluchtsstätte dient, ein ort, der mir kraft geben soll, ein zuhause.

hier, wo ich mich beheimatet fühle, bin ich die forscherin, die nach ihren wurzeln gräbt, die nach ihrer geschichte sucht, die die quellen ihrer macht aufspürt. die forschende, die ungeahnte fähigkeiten entdeckt, ungeahntes altes wissen und manche schmerzen über den stand der welt. begleitet von verwandten forscherinnen, die ihr in ihrer suche nahestehen.

ich brauche viel vertrauen, in mich selbst, in die richtigkeit meiner wahl und in die, die ebenfalls reisende sind in das abenteuer leben. manchmal ist es schwer, meine stürze aufzufangen, die kämpfe auszuhalten und die bereiteten enttäuschungen in wegweiser umzukehren.

diese meine insel, auf der es so viel zu entdecken gibt,

birgt die gefahr in sich, die welt, die mich umgibt, aus den augen zu verlieren.

so wichtig schützende grenzen sind, so wichtig ist es, diese begrenzungen zu überschreiten, um nicht aus der zeit herauszufallen, die die meine ist.

meine zufluchtsstätte lebt nur, wenn sie in diese zeit gehört. ich kann mich dem geschehen draußen nicht entziehen, denn ich habe eben diesc zeit für mein leben gewählt.

es ist wichtig, die fäden, die nach draußen führen, in der hand zu behalten, in der lage zu sein, sich auch draußen ohne zuviel kraftverlust bewegen zu können.

die reisen und forschungen in dieser welt sind gefährlich. es kann sein, daß ich die gefahren unterschätze, daß mein schutzschild nicht stabil genug ist. es kann sein, daß ich mich zu schnell korrumpieren lasse von dem, was erwartet wird, was „normal" erscheint (denn es bietet immer noch mehr sicherheit). es kann sein, daß ich inkonsequent werde, meine träume mißachte.

dann entferne ich mich zusehends von meiner forschungsarbeit, von mir. dann sehe ich eher mit den augen der anderen und fange an, meinen wegen zu mißtrauen. das feuer, das in mir lodert, wird müde und klein. die hexe schweigt beleidigt.

es kann aber auch sein, daß ich reisen und forschungen in der welt tue und große schätze mitbringe. andere gedanken und bilder, andere arten des sehens, wertvolle hinweise und erfahrungen, die ich für mich und meine forschung brauche, auf die ich nicht verzichten will, um nicht einseitig zu werden.

es ist immer ein gefährlicher seiltanz, dieses fortwährende bemühen um das gleichgewicht.

manchmal bringe ich wirklich praktische kenntnisse

mit, die ich sonst nirgendwo hätte lernen können. sie dienen dazu, weitergegeben zu werden.

diese begegnungen in der welt draußen sind immer herausforderungen, an denen ich ausprobiere, ob meine grenzen noch da liegen, wo ich sie spüre oder ob ich sie bereits überschreiten kann.

daß ich diese reisen als reisen sehe, die wie wachen und schlafen zu meiner insel, auf der ich zuhause bin, gehören, das gibt mir eine weitere chance:

als reisende behalte ich distanz, das gefühl, jederzeit weitergehen zu können. ich behalte die freiheit, dinge, die ich tue und erlebe aus der nähe und aus der ferne zugleich zu betrachten.

meine reise in die welt ist die der beobachtung und des lernens. eine lange zeit standen für mich abgrenzung und verweigerung im vordergrund, brauchte ich meine ausschließlichkeit, um mich zu sammeln, benötigte ich ausreichend raum und schutz, um meine zarten traumsprößlinge zu pflegen und wachsen zu lassen. inzwischen sind sie groß geworden. es sind visionen geworden, die sich bewegen. sie reichen in eine weite vergangenheit und in eine weite zukunft. sie haben in dieser gegenwart wurzeln geschlagen. so leicht kann sie kein gefährlicher sturm mehr entreißen.

über die jahre habe ich gemerkt, daß ich mir manches, was sich in dieser merkwürdigen welt abspielt, zunutze machen kann.

als reisende bin ich in der lage zu wählen, was ich sehe und vor allen dingen: wie ich etwas sehe.

ich betrachte alles, was ich sehe, fragend: was kann ich daraus lernen? was kann ich davon gebrauchen? was geschieht da wirklich, jenseits von dem, was nach außen sichtbar wird? es ergibt sich eine vielzahl möglicher arten des wahrnehmens. ich kann vergleiche zu mir und meinen erfahrungen ziehen. ich entdecke analogien, ähnliches geschehen auf vielen ebenen.

manchmal gelingt es mir, so zu beobachten, daß ich zusammenhänge und wirkungen sehe.

es ist wie die entdeckung einer anderen achse der wahrnehmung. sie zeigt das geschehen nicht nebeneinander oder hintereinander, sondern übereinander auf verschiedenen ebenen.

es ist wie der beginn einer nie endenden lehrzeit, deren ziel es sein sollte, die welt in ihren zusammenhängen, kreisläufen und wiederholungen zu begreifen. als wäre es möglich, aus der beobachtung eine sprache zu erlernen, die über das geschehen spricht wie die tarot-karten und die astrologie.

ein schwieriges kapitel des lernens über die welt draußen ist jede art von wirtschaften und wirtschaftlichkeit. eine zeitlang habe ich alles abgelehnt, was dazu an modellen und realitäten besteht. dann habe ich mehr oder weniger freiwillig durch meine arbeit in einem dörflichen handwerksbetrieb die harte seite der wirtschaftlichkeit kennengelernt.

es ist schwer, in diesem bereich einen begehbaren weg zu finden, der mehreren seiten gerecht wird.

ich untersuche vorsichtig, was ich aus der üblichen art, wirtschaftlich zu denken, gebrauchen kann bzw. wo ich gänzlich neue ansätze finden muß. es ist immer eine gratwanderung. will ich nicht weiter bitten gehen, bin ich darauf angewiesen, mir meinen lebensunterhalt durch das zu verdienen, was ich arbeite.

der preis dafür ist, daß ich mich auf die bedingungen und die regeln dieser realität einlasse. dies mit der berechtigten angst, darüber vergessen zu können, womit meine träume begonnen haben.

da sieht es dann so aus, daß bargeld gar nicht mehr diese große wichtigkeit behält, daß notwendigkeit und qualität der arbeit zählen, daß viel mehr über tausch als über bezahlung gehandelt wird. geld ist gefährlich.

ich achte also darauf, daß ich einerseits nicht in illusionen gerate, die mich enttäuschen müssen und andererseits auch nicht in eine übliche, rein wirtschaftliche denkweise verfalle. je nach notwendigkeit akzeptiere ich bedingungen, die mein wirtschaftliches überleben mir stellt, oder aber ich kann schon umsetzen, wie ich nach meinen träumen handeln und arbeiten will.

die welt, wie sie ist, erscheint mir einerseits feindlich, weil sie lebenszerstörende werte und grundhaltungen vermittelt, andererseits jedoch auch interessant, weil sie mir unzählige erfahrungen bietet.

die vorstellung, mich als reisende und forschende darin zu betrachten, hat nicht nur den sinn, mir durch diese haltung die zur beobachtung notwendige entfernung zu geben.

sie birgt auch eine lebenshaltung, die mir kraft gibt.

will ich reisen, wähle ich bewußt, was ich sehen will; als forscherin benenne ich den gegenstand meiner forschung. das heißt, in jedem fall bin ich die handelnde. bin ich die aktive. ich erleide die welt nicht, noch erdulde ich sie, um mich dann verletzt zurückzuziehen.

die welt will erlebt und gestaltet werden.

solange ich handelnde bin, kann ich mir kraft zugänglich machen und diese bewahren. erdulden ist ein zustand, der zu viel kraft raubt.

es ist dann wieder das selbstmitleid, das mich gefangen nimmt.

ich möchte das mit dem selbstmitleid noch einmal aufgreifen:

es ist so maßlos schwer, aus einem zustand des erduldens, des erleidens, des wartens endlich zum handeln zu kommen.

angst, gewohnheit, feigheit, trägheit halten zurück. sie arbeiten hand in hand. sich von ihnen nicht hindern lassen, ist eine kunst.

einen zustand des erleidens aufzugeben, bedeutet gleichsam, alte gewohnheiten aufzugeben. was mir schadet, ist mir meist auch sehr vertraut. gewohnheiten aufzugeben erzeugt diese schreckliche angst. sie macht mich blind und feige, unsicher und voller zweifel. das wiederum führt zu einer schrecklichen unlust, die mich träge macht. der teufelskreis ist perfekt.

er dreht sich so lange, bis der leidensdruck ausreichend groß ist, daß ich handeln muß, wenn mir nicht der tod drohen soll.

wann aber erreiche ich diesen punkt?

je tiefer ich in meinem selbstmitleid und meinem erdulden gefangen bin, desto weiter oder verletzender ist der weg der befreiung, desto heftiger muß die veränderung sein, die folgt:

alles aufgeben und weggehen, eine weite reise machen ohne die gewißheit einer rückkehr, menschen, die mir nahe stehen, endgültig verlassen, einen beruf ganz und gar aufgeben, alles verkaufen, was ich besitze und ganz anders leben wollen.

sicherlich sind diese alles umstürzenden veränderungen sehr wichtig. manchmal sind sie die einzige möglichkeit, etwas wirklich in die hand zu nehmen, zur handelnden zu werden.

durch ihre heftigkeit haben sie die kraft, einen zustand

innerer sammlung herzustellen, der vorher nicht möglich war, weil noch zu viel ballast im wege lag.

von mir weiß ich, daß ich diese umstürze brauchte und möglicherweise noch brauche, um zu begreifen und zu sehen. die innere sammlung, zu der ich dann fähig bin, verleiht mir die kraft, unbeschadet erste schritte in ein verändertes leben zu geben.

bei meinem ersten großen lebensumsturz habe ich mich ausgiebig gesonnt in diesem übergang vom leiden zum handeln. ich spürte meine gesamte lebenskraft versammelt und wußte, ich hatte das leben entdeckt. ich war um keinen preis bereit, es wieder herzugeben.

für mein handeln war wichtig, daß ich vor meinem inneren auge mein ziel sah, für mich richtig zu handeln. das gab mir die kraft, alle zweifel und unsicherheiten, die noch am wege auftauchen sollten, durchzustehen.

erst viel später fand ich nach und nach alle teile von mir wieder. teile, von denen ich geglaubt hatte, sie in der zeit vor meinem großen umsturz zurückgelassen zu haben. das, was ich auch war, war mir hinterhergelaufen. es hatte mich gesucht und gefunden. es begann ein mühseliges ordnen und zusammensetzen der teile. ich stand dem bewußtsein meiner kraft zu handeln und zu gestalten sowie dem wissen über meine früheren eigenarten und meine fähigkeit, zu leiden und zu erdulden, etwas ratlos gegenüber.

ich war verwirrt. bis ich langsam ahnte, was mir bevorstand:

immer wieder neu den schritt vom leiden zum handeln zu tun, im vertrauen darauf, daß ich mit der zeit lernen würde, den prozeß der selbstzerstörung nicht mehr allzu weit fortschreiten zu lassen.

mir wurde etwas klar:

in der äußersten not benutze ich die äußere veränderung, um einen inneren prozeß in gang zu setzen. ich verlagere meine aufmerksamkeit auf die äußeren dinge, weil sie sich leichter verändern lassen als meine innere haltung.

mir dabei auf die schliche zu kommen, erfordert einen guten spürsinn.

wann kann ich mir sicher sein, daß einer äußeren veränderung auch eine innere folgt?

wie viele hoffnungen lege ich da hinein, die sich nie und nimmer erfüllen können?

wann ist es so, daß ich mit der äußeren veränderung eine art meines seins nicht wirklich ändere? mir äußere bedingungen nur vortäusche?

wann ist es trotzdem sinnvoll und notwendig, sie durchzuführen? inzwischen habe ich mich — unter scheinbar neuen bedingungen — schon des öfteren in meiner alten art des seins und handelns wiedergefunden.

ich war dann erstaunt und enttäuscht. ich hatte die äußere veränderung mit der inneren gleichgesetzt, ohne zu bemerken, daß ich meine innere art zu sein nicht wirklich ändern wollte.

um an einem solchen punkt gewißheit zu erlangen, welches mein nächster handlungsschritt sein soll, muß ich zunächst zurücksehen.

die wichtigste entdeckung dabei sind all all diese wiederholungen. sie sind der teil meines weges, der mir besondere aufgaben stellt. sie betreffen etwas, das ich in diesem leben lernen oder erledigen soll. sie sind wie große plakate, die mich aufmerksam machen wollen. schließe ich die augen, um sie nicht sehen zu müssen, handele ich weiterhin blind. ich laufe dann gefahr, mich im kreise zu drehen, weil ich mir immer wieder die gleichen undurchsichtigen lebenssituationen schaffe.

ich muß alles ausbreiten vor mir, alles sammeln, was jemals gewesen ist. ich muß in meiner erinnerung kramen. habe ich erst alles zusammen, kann ich sortieren: wie oft habe ich welche wiederholung gewählt und wie bin ich jeweils damit umgegangen. meistens fällt das ordnen leicht. das grundthema zieht sich wie ein roter faden durch das scheinbare durcheinander. damit habe ich zwar noch nichts endgültig gelöst; aber meine augen sehen anders. in meine nächsten handlungen werde ich nicht mehr unvorbereitet schlittern, sondern bewußter schreiten.

lernen ist langwierig. es braucht die begeisterung des zu erreichenden wissens. außerdem ist es abenteuerlich, es eröffnet immer neue welten.

ähnlich muß ich mit der inneren zerstörung vorgehen, die sich aus dem leidenszustand, dem selbstmitleid, ergibt.

auch sie hat viele gesichter und viele masken.

um etwas über sie herauszufinden, muß ich mir zunächst verdeutlichen, was es an sichtbarer, offener zerstörung gibt.

der weg in den abgrund, den die welt geht, ist kaum zu übersehen. es ist das gequälte gesicht einer von männlichen todesmustern bestimmten welt.

die zeichen, die diese todesmuster setzen, sind erbärmlich und tödlich. die machtsucht einer lebensfeindlichen männlichen art zu sein und zu handeln, hat die erde an den rand des umkippens gebracht. lange genug haben frauen schweigend darunter gelitten.

schweigen aber ist zustimmung und leiden ist ohne kraft.

die zerstörerische seite des männlichen prinzips ist das einer endgültigen vernichtung, ein quälender prozeß der selbstvernichtung.

das betrifft durchaus nicht nur die kriege.

auch das prinzip männlicher forschung ist an vielen stellen das einer vernichtung (als lebenserhaltung getarnt). krankheiten werden bekämpft, erreger werden vernichtet, kranke organe werden entfernt. die reihe ließe sich beliebig fortführen. im schlimmsten fall wird die machtgier so groß, daß auch menschen bekämpft und vernichtet (entfernt) werden.

es spielt dabei eine art selbstverherrlichung mit, die mich sprachlos macht.

es gibt fast nichts mehr an machtstreben, wovor männliches denken und forschen zurückschreckt. es resultiert aus dem fanatischen wunsch, alles zu besitzen, alles erdenkbare an wissen bis hin zur beeinflussung des genetischen codes zu besitzen. ein hungerndes aufsaugen materieller und geistiger tatsachen, die am eigentlichen wissen völlig vorbeigehen.

ich vertraue der gewißheit, daß sich leben, natur, erde, kosmos, frau nie endgültig beherrschen lassen werden.

männliche kopfgeburten werden auf dauer nicht lebensfähig sein. es bleibt die frage, wie viele sie mit in ihren untergang zerren.

ich habe den mann noch nicht getroffen, der in seinen tiefen so zuhause ist, daß er mir erklären könnte, warum dieses männliche prinzip so wirkt. mir scheint, daß die meisten männer nicht bereit sind, die gesetze der welt zu begreifen, ihren sinn und ihre aufgabe zu finden und anzuerkennen. etwas muß sie dazu treiben, sich jede form von macht über andere und anderes anzueignen. mir scheint, je weniger innere macht sie in sich besitzen, desto schlimmer müssen sie ihre äußere macht festigen, und sei es um den preis ihrer eigenen vernichtung. um dies nicht zu sehen, gibt es viele undurchsichtige brillen ablenkungen durch kriegsspiele und machtgierige forschungen.

ich habe die frau noch nicht getroffen, die in ihren uralten tiefen so zuhause ist, daß sie mir sagen könnte, weshalb frauen seit tausenden von jahren bereit sind, zu schweigen, zu erdulden, bis hin zur völligen aufgabe ihrer identität.

immerhin gibt es inzwischen ansätze, weibliche prinzipien zu erkennen, wertzuschätzen und als leitfaden zum handeln zu benutzen. das weibliche ist im prinzip lebensspendend und lebenserhaltend. seine ebenfalls vorhandenen zerstörerischen kräfte haben — verlaufen sie natürlich — im kreislauf von leben und tod immer eine bedeutung.

die dunkle zeit, wenn die mondin abnimmt bis sie nicht mehr zu sehen ist, ist die zeit der wachsenden zerstörung. sie ist wie das anwachsen einer großen dunkelheit, die die geburt des neuen lichts erwartet. leben und tod gehören untrennbar zusammen.

das bewußtsein über kreise scheint wirklich etwas weibliches zu sein. die männliche art fortzuschreiten, erscheint mir eher als eine geradlinige art, die sich weigert, einen rhythmus anzunehmen und stattdessen eine reine hypothetische unendlichkeit herausfordert, die es geradlinig jedoch gar nicht geben kann. im grunde muß sie mit dem plötzlichen abbruch, der selbstvernichtung rechnen.

wirkliche entwicklung aber ist spiralförmig. nicht zufällig ist die spirale das tiefste grundmuster menschlichen lebens (in den chromosomen). die bewegung einer spirale ist die eines kreises, der sich nach jeder bewegung auf einer höheren oder tieferen ebene befindet. in jedem augenblick seiner bewegung steht er in beziehung zu diesen anderen ebenen der gleichen art.

fortschritt muß spiralförmig sein. der eigene wie der des ganzen. meine eigenen wiederholungen (alle wiederholungen in der geschichte) sind symbole dieser spirale. bin ich in der lage, die zusammenhänge zu sehen, finde ich gleiche muster auf verschiedenen ebenen. meine denkrichtung muß also nach oben und nach unten gehen, nicht nur zur seite, ich muß mein bewußtsein schulen, auch in einem bereich tätig zu werden, der verborgen scheint.

es wurde und wird von vielen so getan, als gäbe es diese art zu sehen nicht. was aber ist intuition?

nicht anders verstehe ich auch alle arten, in die zukunft zu sehen, wahrzusagen. auf den für die wahrsagerin sichtbaren ebenen (gesicht, augen, hände, tarot-karten, horoskop, kaffeesatz, aura) spiegeln sich zukünftige und vergangene möglichkeiten der jeweiligen person. die wahrsagerin versteht die sprache dieser ebenen und kann sich in begriffe der geläufigen wirklichkeit übersetzen.

ich weiß nicht, ob ich jemals diese vielen sprachen verstehen werde. das braucht zeit und nicht jede hexe hat die begabung. zunächst hilft es mir, zu wissen, was es gibt.

auch das hexenlernen ist lange zeit nichts anderes als eine genaue beobachtung dessen, was ist.

was ich verändern will muß ich benennen können. ich muß viele schleier zerreißen, die das wahre gesicht vieler dinge verhüllen.

dieses zerreissen, die zerstörung, fällt mir schwer.

manche formen von zerstörung sind lebensfördernd. zum beispiel der abbau der gebärmutterschleimhaut für einen neuen zyklus, das fallen der blätter im herbst, der tod als tor in eine andere welt, trauer über verlorenes und aufgegebenes, aus der neues erwachen kann.

viele formen von zerstörung aber will ich weder annehmen noch hinnehmen.

die offenkundigsten brauche ich nicht zu benennen. sie bekunden eine beschämende respektlosigkeit gegenüber allem lebendigen, gegenüber dem tod, der erde, den gestirnen und dem, was an energie vorhanden ist.

die unauffälligen und schleichenden arten von zerstörung dagegen sind nur schwer herauszufinden. sie tarnen sich.

ihre namen sind nicht so deutlich wie saurer regen,

trinkwasserverschmutzung, baumsterben, raketenstationierung, kriege, krankheiten und hunger.

sie sind subtiler. damit sie wirken, braucht es mich und meine art zu sein.

wirken sie bei mir, nehme ich der zerstörung, die tagtäglich laut vor meinen augen geschieht, einen großen teil ab. ich setze sie fort gegen mich selbst und andere.
ist mir das nicht klar, wirke ich ahnungslos im sinne derjenigen, die meine feinde sind.

manche benutzen alkohol, um die zerstörung nach innen fortzusetzen, bei anderen sind es krankheiten, tabletten oder zigaretten.

es können auch festgelegte glaubensmuster über die eigene unfähigkeit sein, tödliche beziehungsmuster, zweifel, schlechte selbstwertgefühle, machtkämpfe, mißtrauen, starrheit, abhängigkeit oder nicht hinterfragte angst. zerstörung hat viele namen.

als gegenwirkung muß ich meine wahrnehmungsfähigkeit schulen und herausfinden, welche davon ich für mich gewählt habe.

es gilt, mich den verschiedenen mustern der zerstörung — soweit ich sie erkennen kann — zu entziehen.

nicht nur äußerlich, indem ich beispielsweise gesellschaftlich aussteige. das nützt mir nichts, solange ich meine arten der selbstzerstörung fortsetze. es ist allenfalls ein halber schritt, mit dem ich mir vorgaukele, anders zu sein ohne es wirklich zu sein.

als hexe kann ich mir eine selbstzerstörung gleich welcher art nicht leisten. sie kostet mich zu viel kraft.

überall da, wo ich selbstzerstörung aufgebe, werde ich merken, wie energie frei wird, die ich sinnvoller, für mich und die welt förderlicher einsetzen kann.

meine selbstzerstörungen herauszufinden und aufzugeben, das ist es, was mir lebendigkeit erhält.

wenn ich mich aus den fängen dieser in mich hineinwirkenden todesmacht befreie, erst dann steige ich wirklich aus, nehme ich am system der zerstörung nicht mehr persönlich teil, weigere ich mich fortzuführen, was man mich gelehrt hat.

diese weigerung wird auffallen und aufgrund der gelebten andersartigkeit muß ich mit erstaunen, mißgunst und ablehnung rechnen. in gewisser hinsicht stelle ich für all jene, die sich noch in diesem system befinden, eine bedrohung dar.

ich habe kaum etwas als so zerstörerisch empfunden wie das gängige medizinische system, in dem ich gesteckt habe.

von den meisten unbemerkt, erschien mir das zerstörerische element unübersehbar. ich wußte keinen widerstand, durch den ich ausreichend kraft schöpfen konnte, also griff die zerstörung, die ich wahrnahm, auf mich über. ich war wehrlos und ohnmächtig.

meine einzige chance zu überleben war, mich zunächst der zerstörung zu entziehen, ich wollte andere wege finden, auf denen ich widerstandsformen entwickeln könnte, die mir genug kraft gäben, der zerstörung grenzen zu setzen.

ich wußte nichts anderes, als durch mein weggehen wenigstens meine mitarbeit an diesem zerstörerischen geschäft zu verweigern.

mein weg war der eines umfassenden entzugs. ich suchte nach einem ort, an dem die mich umgebende zerstörung weniger auf mich wirken konnte oder nach orten, die mir die kraft ermöglichten, mich zu widersetzen.

ein wichtiger schritt für mich war, die suche nach einem solchen ort auf dem land anzusetzen und nicht mehr in der stadt. dieser weg war lebensnotwendig. dort entdeckte ich alten und neuen lebensmut. die welt bekam ein anderes gesicht. ich merkte, wie eine dicke kruste, die ich in der stadt gebildet hatte, nach und nach abbröckelte. die neue haut darunter ließ viel mehr arten der wahrnehmung durchdringen. ich wußte, daß ich mit einer solchen haut in der stadt nicht mehr überleben konnte. sie nimmt viel wahr, deshalb muß ich sie auch sehr schützen.

ein weiterer großer schritt war, das rauchen aufzugeben. oft weiß ich für lange zeit nicht, daß ich mir schade, oder ich versuche, mich davon abzuhalten, es zu wissen. ich spiele herunter, was ich mit mir mache oder nehme es nicht wichtig genug; mache scherze darüber oder entwickele eine gewisse gleichgültigkeit. ich finde reichhaltige begründungen dafür, diese selbstzerstörerischen sachen fortzusetzen. schlimmstenfalls behaupte ich einfach, ich wolle ja nicht anders. ich glaube, mich vor dem eigenen wissen und der angst schützen zu müssen.

so wußte ich seit langem sehr genau, daß rauchen mir schadet. nicht nur meiner lunge, sondern auch meiner seele. der genuß und die gewöhnung verhinderten jedoch, daß ich dieses wissen zuließ.

ich hörte immer mal wieder für kurze zeit mit dem rauchen auf. damit wollte ich beweisen, daß ich es in der hand hatte, zu rauchen oder nicht zu rauchen. verdächtig war, daß ich es immer in situationen wieder aufnahm, in denen ich mich schlecht fühlte.

eines tages wurde mir im gespräch mit einer freundin klar, daß das rauchen etwas war, über das ich mir einbildete, die macht der entscheidung zu haben. ich hatte sie aber schon lange nicht mehr. das rauchen hatte macht über mich. ich hatte etwas abgegeben, was abzugeben ich mir eigentlich nicht leisten konnte: die macht über eine meiner handlungen. da ich sie nicht ohne weiteres zurückerhalten konnte, gab ich das rauchen völlig auf. es war die einzige möglichkeit, mich einer zerstörerischen abhängigkeit zu entziehen.

mit jeder sache an die bzw. mit jedem menschen an den ich macht abgebe, schade ich mir. jede abhängigkeit ist selbstzerstörung. sie nimmt mir meine echte entscheidungsfähigkeit für mein handeln. die meisten abhängigkeiten, die mich zerstören, sind nicht so offensichtlich wie das rauchen.

abhängigkeiten sind verzwickt. ich kann mich von allem und jedem abhängig machen, meistens weiß ich es nicht einmal. es gibt so gut wie nichts, was sich dazu nicht eignet.

offiziell krankmachende abhängigkeiten sind nur die süchte (alkohol, rauchen, tabletten, rauschgift). wie seltsam und bezeichnend für unsere kultur — es sind alles dinge, deren ursprung reine heilmittel waren.

die anderen abhängigkeiten — meine alten verhaltensmuster, denkgebilde und weltbilder, meine beziehungen zu anderen menschen, mein verhältnis zur arbeit bzw. meine schwierigkeiten damit, meine krankheit — sie alle muß ich erst sehen lernen.

der weg, hexen zu lernen, ist im grund derselbe wie der, erwachsen zu werden. kein umschalten mehr von einer abhängigkeit auf die nächste, sondern ein langsamer lösungsprozeß von allen abhängigkeiten, eine befreiung. anscheinend brauchen wir diese abhängigkeiten. sie müssen einem zweck dienen, sonst würden wir uns nicht auf so gefährliche sachen einlassen.

zumindest geben sie ein trügerisches gefühl von sicherheit und aufgehobensein. möglicherweise steckt hinter all dem die heimliche tiefe sehnsucht, doch nicht auf sich allein gestellt zu sein (was mir aber gerade ein hexisches leben vorschreibt).

freiheit ist nur mit dem bewußtsein über die begrenztheit der eigenen person möglich.

alle träume nach aufgehobensein, nach geborgenheit können sich nur in mir selbst erfüllen.

je weiter ich meinen hexischen weg gehe, desto klarer wird:

wirklich kraft haben kann ich nur, wenn ich mein alleinsein bedingungslos akzeptiere. nur dann habe ich eine chance, nicht mehr abhängig zu werden.

verstärkung durch die kraft mehrerer frauen oder hexen ist nur dann möglich, wenn jede bereit ist, dies anzunehmen, nicht mit bedauern, sondern mit dem wissen, daß darin die größtmögliche kraft liegt. erst dann ist es möglich, daß jede auf ihrem platz mächtig ist, ohne kämpfen und ohne unterdrücken zu müssen.

solange wir noch auf dem weg sind, das zu lernen, sind die zerstörungen, die frauen sich untereinander antun, groß.

manchmal sind es schattenkämpfe, die ich gegen personen führe, die ich eigentlich liebe. dann nämlich, wenn ich eine äußere bedrohung in meine kreise mitgenommen habe. in diesem falle erscheinen mir die, die mich dicht umgeben, bedrohlich. ich fange an, mich mit ihnen zu vergleichen, mich zu messen. jede andere frau, die auf irgendeine art anders ist als ich, erscheint mir dann gefährlich.

deshalb ist es nicht verwunderlich, daß es unter frauen so schnell gefährlich wird.

es treffen mächte zusammen, die unübersehbar sind. zum einen sind es die, die viele frauen noch immer betäuben, die urkräfte, die ahnungen weiblicher macht, die gewißheit des eigenen wachstums, der wunsch nach ausdehnung und nichtaufhaltbarkeit. zum anderen sind es die, die wir aus dem kennen, was wir bisher gesehen und gelernt haben. es sind muster (verhaltensweisen, beziehungen, innere schwierigkeiten), die uns vertraut sind, weil wir sie tief verinnerlicht haben. diese kräfte prallen aufeinander und verursachen ein heilloses durcheinander, in dem die einen von den anderen nicht mehr zu trennen sind. schlimmstenfalls machen wir uns gegenseitig für das chaos und die verletzungen verantwortlich.

dies mit dem eigentlich tiefen wunsch, alles weibliche wissen lebendig zu machen und gleichzeitig neue formen, selbstgewählte muster, zu entwickeln.

eine frau ist für eine andere frau immer eine herausforderung. jede besitzt die gleichen kräfte und diese tatsache lassen sie einander spüren.

die angst, zu gewinnen oder zu verlieren, kann dabei ganz schrecklich lähmen oder zu erbitterten kämpfen führen. dabei geht leicht das vertrauen verloren.

wir müssen behutsam miteinander sein oder zumindest geduldig. jede für sich steckt tief in dem wirrwarr ihrer lücken und ihrer verletzungen. der prozeß, heil zu werden, braucht viel zeit.

damit genau beginnt der entschluß, hexen zu lernen:

den prozeß der ganzwerdung, der heilung, mit voller absicht in gang zu setzen. um jeden preis und mit allen mitteln, die zur verfügung stehen. eine hexe braucht ihre gesamte kraft.

sie hat nichts übrig, was sie nutzlos verschwenden könnte. die suche nach alten mustern, nach selbstzerstörerischen handlungen, nach inneren visionen, die scharfe beobachtung, die ständige aufmerksamkeit, das lauschen auf die sprache der tage und des eigenen körpers nehmen alle kraft in anspruch.

es ist eben die selbstheilung, die die hexe beschlossen hat, unbeirrbar in ihre eigene hand zu nehmen.

sie tut es selbst und wartet auf niemanden.

sie antwortet weder auf ihre eigenen unzulänglichkeiten, noch auf die unzulänglichkeiten anderer mit zerstörung oder selbstzerstörung, sondern mit innerer und äußerer veränderung.

mit der fähigkeit, über sich selbst zu entscheiden, kann sie hexen lernen, die fähigkeit erwirken, über wirklichkeiten zu entscheiden. eine hexe ist nicht mehr machtlos.

die hexen von damals.
wer waren sie?
warum waren sie so habbar, so verletzbar?
warum waren sie nicht viel unsichtbarer in ihrem wissen?
warum waren sie ihrer vernichtung derart ausgeliefert?
als hexe im heute muß ich diese gefährlichen fragen stellen. ich muß lernen. darin liegt meine chance.
gefährliche fragen sind es deshalb, weil sie sich fast nach urteilen anhören. aber ich will nicht urteilen.
ich will auch keine schuldfragen klären.
nach außen hin ist es wichtig, anzuprangern.
den teufel austreiben, indem wir ihn benennen. die namen der täter immer wieder laut sagen, sich ihrer erinnern, um sie zu schwächen.
es ist auch wichtig, daß wir hexen uns immer wieder vor augen halten, was möglich war. warum sollte es heute nicht mehr möglich sein.

wir dürfen nicht verlernen, die gefahr zu sehen. je größer und je sichtbarer unsere macht, desto gefährlicher wird es für uns.
doch, die anklage allein nützt mir noch nichts.
sie kann nur vorstufe zum handeln sein.
niemand wird sich für irgend etwas entschuldigen.
niemand wird mit bewußtsein etwas anders machen, nur weil ich es verlange.
niemanden wird wirklich etwas reuen.
niemand wird lernen, nur weil ich es erwarte.
ich selbst muß lernen, sonst bin ich immer wieder opfer.
ich will wohl laut sein und mich bemerkbar machen.
als hexe will ich auf der wirklichkeit bestehen, daß es mich gibt. mich in meiner besonderheit und mich mit meinen visionen.
sie, die mich noch unterschätzen, sollen wissen, daß ich

mächtig bin und noch mächtiger werde mit denen, die mir auf gleichen wegen begegnen.

nach innen stelle ich andere fragen. sie sind nicht für jeden bestimmt. die, die nicht bereit sind, verantwortung zu übernehmen, könnten sie mißverstehen. sie werden meine fragen nehmen und sie mir im munde umdrehen. sie werden sie gegen mich richten.

trotzdem, ich muß mich auch dies fragen:

warum konnten die hexen ihre vernichtung nicht aufhalten, obwohl sie so mächtig und so weise waren? jenseits aller begründungen aus der besagten wirklichkeit, in der sie verständlicherweise dem haß und der vernichtenden macht ihrer verfolger unterlegen waren.

was aber war es im magischen sinn? was hat ihnen an ihrer kunst, nicht gesehen zu werden, gefehlt? haben sie fehler gemacht? waren sie zu unvorsichtig? haben sie etwas nicht bedacht? waren sie zu vertrauensselig?

ich muß weiterfragen:

wie war es möglich, daß die matriarchalen zeitalter ihren einfluß verloren? daß sie ihre macht abtraten zugunsten nicht einschätzbarer männerbestimmter gesellschaften? was hat frauen dazu veranlaßt? wo wurden sie schwach? worauf sind sie hereingefallen?

was passiert heute, daß frauen noch immer bereit sind, ihre kraft bis zur aufgabe ihrer persönlichkeit in den dienst einer männlichkeit zu stellen, die im grunde viel schwächer ist?

warum war es möglich, daß die zerstörung der erde und alles lebendigen so weit fortgeschritten ist — ohne den tatkräftigen einspruch von frauen? warum spielen sie immer wieder handlanger in einem todessystem?

was haben sie von ihrem schweigen und ihrer unterdrückung, daß sie diese immer wieder vorziehen?

die welt ist so wie wir sie machen.

was in mir und in jeder anderen frau hindert uns wahrzunehmen, uns zu wehren, zu handeln? was haben wir von einer trägheit, die uns den tod verspricht?

welchen sinn hat diese unsere geschichte? was sollen wir daraus erkennen?

ich kann diese fragen nicht beantworten. möglicherweise sind es fragen, auf die es keine antworten gibt, weil keine in diese richtung denkt. ich stelle sie, um an einer jahrtausendalten kruste zu nagen.

immerhin, es gibt viele möglichkeiten, den antworten wenigstens näher zu kommen. es gäbe das studium der weltweisheiten. diese geben viele antworten, weil sich alles auf seine besondere art wiederholt. sie geben auch hinweise auf das, was kommen wird. es gäbe die betrachtung der weltzeitalter, der astrologischen aspekte, die viele eigenarten bestimmter zeiten erkennen lassen.

ich muß diese forschungen zum großen teil anderen überlassen.

ich als hexe, bin so geformt, daß ich nur forscherin bin im hier und jetzt. mir nützen die beschäftigung mit der geschichte der frauen sowie das vertiefen in uralte weltweiseheiten nur genau so viel, wie ich ihre bedeutungen umsetzen kann in mein tägliches leben und meine nächste handlung.

die beschäftigung mit all diesen dingen ist dazu da, mir meinen inneren weg zu weisen und dort licht zu sein.

alles wissen von außen kann nur hinweis sein, anstoß oder funke, der ein altes feuer wieder entzündet. das eigentliche wissen aber, das, was ich heute brauche, werde ich nur in mir selbst finden.

die suche nach falschen göttern ist trügerisch. sie bietet nur scheinbaren halt.

sobald eine zu große spannung entsteht zwischen dem, was nach all den lehren sein sollte und dem, was ich bereit und fähig bin umzusetzen, lähmt mich diese diskrepanz.

ich werde müde und verzweifelt. finde ich keinen anschluß an meinen inneren weg, jage ich falschen göttern nach.

die fragen, die ich stelle, sind dazu da, das denken zu verändern. sie sollen verhindern, daß ich es mir zu leicht mache, indem ich einfach schuld zuweise.

das tue ich beispielsweise, wenn ich eine neue moral aufbaue, in der die männliche seite an sich schon deswegen schuldig ist, weil sie männlich ist, weil diese geschichte ihre geschichte ist.

aber sie ist nicht nur die männliche unterdrückungsgeschichte, sie ist auch die weibliche opfergeschichte.

die entdeckung, daß es einst ein zeitalter gab, das unter ganz anderen vorzeichen lebte, eine geschichte, in der frauen eine kraftvolle, mächtige rolle spielten, diese entdeckung war für mich wie ein rausch. eine verhärtete resignation über den zustand der welt brach auf wie eine uralte wunde. ich hatte es nicht für möglich gehalten. meine begeisterung über meine neue, alte geschichte, über die eigentliche macht der frauen war so groß, daß ich voraussetzte: mit diesem wissen bei vielen frauen *muß* sich die welt ändern. ich konnte mich zunächst kaum gedulden.

inzwischen habe ich es gelernt. es war nötig, um nach und nach hinter die kulissen blicken zu können. dort zeigte sich: was so lange zeit unterdrückt bleiben kann, das braucht auch eine sehr lange zeit, um erneut zu erwachen und wieder handlungsfähig zu werden. was wir heute tun, sind die ersten bewegungsübungen nach jahrtausendelanger lähmung. vieles ist ungewohnt. leitfaden und antrieb ist das bewußtsein darüber, daß die kraft vorhanden ist, vorhanden war und wieder leben wird. wäre ich feministische geschichtsforscherin, ich würde mich genauestens mit diesem vermutlich fließenden übergang des weiblichen einflußes in den männlichen beschäftigen, mit den veränderungen von den matristischen gesellschaften zum patriarchat. waren es geschickte männliche taktiken, die ihre chance witterten? waren die frauen ihrer aufgabe müde? lag es einfach an der zeit? letztlich kann es nur das unerklärliche aufgeben einer inneren haltung sein. dies spiegelt sich noch heute tausendmal im verhältnis zwischen mann und frau. wir sind darin noch immer so eingefahren, daß jede veränderung wut braucht und schmerzen.

wenn ich gedanken in diese zeit schicke, die sowohl mich in meinem verhalten als frau, als auch alle anderen gewesenen und seienden frauen miteinbezieht, beleuchte ich eine verschwiegene dunkle stelle in der geschichte. diese gedanken sind deshalb gefährlich, weil sie bei männern (und möglicherweise auch bei manchen frauen) den eindruck erwecken könnten, ich wolle den mann von der last *seiner* geschichte befreien. keineswegs. die muß er weitertragen, bis er fähig und bereit geworden ist, sie selbst zu verändern.

auch da will ich mich als frau nicht mehr abhängig machen. kläre ich für mich, welchen anteil ich selbst am zustandekommen einer mir schadenden situation habe, kann ich möglicherweise ihre änderung dadurch beeinflussen, daß *ich* mich ändere.

ich bin auf kein lästiges warten mehr angewiesen, auf keine bittere hoffnung, daß sich erst dann etwas ändert, wenn die andere seite sich ändert. dies gilt für die alltäglichen situationen ebenso wie für die geschichte. letztere ist allerdings nicht das ergebnis der inneren haltung eines einzelnen menschen, sondern die summe und die entwicklung der haltung vieler.

auf keinen fall möchte ich die erbsünde umdrehen. schuld und sünde haben lange genug als schatten gerade über den frauen gehangen. grundsätzlich möchte ich keine schuldfragen stellen.

schuld macht passiv. sie kann nur lähmen. wenn ich mich schuldig fühle, bin ich gefangen.

schuld fordert strafe und setzt voraus, daß es sünde gibt. die strafe soll die schuld verringern oder beseitigen, genauso wie die beichte die sünde vergeben soll. es gibt aber kein vergessen und kein vergeben. was geschehen ist, läßt sich nicht wieder rückgängig machen und ebensowenig vertuschen. daraus kann ich lernen: meine taten und meine vergangenheit bleiben meine. schuld zuteilen und schuld auf sich nehmen enthält nichts, woraus sich etwas weiterentwickeln kann.

ein starres system der inneren und äußeren kontrolle fordert schuld ein urteil. sie bedeutet eine übereinkunft mehrerer menschen darüber, was richtig ist und was falsch ist. sie ist eine durch und durch menschliche erfindung, die dem leben regeln setzen soll. wer aber ist ihr maß?

schuld ist moralisch. sie richtet sich nach den normen der jeweiligen gesellschaft und ihrer zeit. sie hat nichts mit einer gültigen wahrheit zu tun.

ebenso bezweifle ich die existenz von unschuld.

schuld und unschuld, zwei begriffe, die dazu erfunden zu sein scheinen, tatsachen zu verschleiern: die tatsache nämlich, daß jede/jeder das gewählt hat, was sie/er tut und tun wird.

fragen nach schuld und unschuld lenken leicht von dieser tatsache ab.

es ist die ungehinderte tödliche, männliche art zu sein, die dieses patriarchat geschaffen und die welt an den rand des abgrunds gebracht hat. gebe ich ihm, dem patriarchat jedoch einfach die schuld an allem, bin ich darin ausgeliefert, hilflos, leidend.

schlimmstenfalls kämpfe ich gegen windmühlenflügel, in der hoffnung, daß sich die ändern, denen ich die schuld gebe.

abhängiger kann ich mich kaum machen.

ich bin damit auf bestem wege. mir einzugestehen, daß

ich restlos von außen bestimmt bin. ein bündel von reaktionen — ohne eigene identität zum handeln.

es ist wichtig, die gegner zu sehen, die eigene unterdrückung zu spüren und sie in der welt herauszufinden. (wer sich nicht bewegt, spürt seine fesseln nicht.) es ist wichtig, die feinde beim namen zu nennen. ich kann mich nicht befreien, wenn ich nicht weiß wovon.

die recherchen, die wir betreiben — sowohl in der geschichte als auch im täglichen leben —, sollen sichtbar machen, was ist.

diese recherchen sind oft gruselig und grausam. jeder weg einer befreiung ist ein lichtblick. nicht mehr leidend, nicht mehr beschuldigend, sondern haarscharf beobachtend, mit der ahnung der eigenen stärke.

wir alle wachsen an dem, was wir mit bewußtsein sehen.

langsam beginne ich, erwachsen zu werden.
die hexe erkennt ihren weg.
viel mußte sie lernen:
schuldfragen halten auf. in jeder situation, in jeder beziehung, im kleinen wie im großen zusammenhang.
ich will nicht mehr aus meiner unterdrückung heraus denken. nicht als frau, nicht als hexe, nicht als mensch.
habe ich es nötig, mich schwächer zu machen als ich bin?
ich kann eines tun:
ich kann verantwortung übernehmen. für das, was gewesen ist, für das, was ist und für das, was sein wird.
das heißt, ich übernehme auch verantwortung für die geschichte. das tue ich in dem wissen, daß ich alles in mir trage, das was gewesen ist und das was sein wird. wenn ich will, kann ich zu diesen zeitlich anders liegenden formen meines wesens verbindung aufnehmen.
in jedem falle komme ich um meine verantwortung nicht herum. weigere ich mich, sie zu übernehmen, zeigt sie sich in dem, was allgemein schicksal genannt wird. übernehme ich sie, habe ich die chance zu steuern.

verantwortung ist ein schwer zu beschreibendes gefühl. ich kann es nicht mit dem kopf erfassen, es ist mehr eine innere haltung, die ich fühle. ist der sinn einmal gekommen, ist es wie eine erlösung und erschwerung zugleich, es ist der erste schritt in eine befreiung, die zugleich auch eine aufgabe ist.
ist mir die weltgeschichte zu groß, um mich im verantwortungübernehmen zu üben, muß ich mit den alltäglichen kleinigkeiten anfangen. lernen, daß das, was ich tue, meine entscheidung ist und dazu stehen. wissen, daß ich mir die menschen, die mir begegnen, aussuche und mich fragen warum. erkennen, daß ich selbst meine erlebnisse und erfahrungen schaffe, die schrecklichen wie die schönen.

das mutet wie eine große belastung an. ist es aber nur dann, wenn ich verantwortung mit schuld verwechsle. eine große schuld muß mich erschlagen.

eine große verantwortung dagegen kann ich tag für tag übernehmen. sicherlich wird es mir passieren, daß mich die schuldideologie noch häufig ereilt. sie ist ein wesentlicher bestandteil der religion der letzten zweitausend jahre und jede von uns trägt sie vermutlich immer noch sehr tief in sich. ich werde mir selbst noch häufig die schuld zuschieben und mich dabei ohnmächtig und schwach fühlen, oder ich schiebe sie anderen zu, womit ich ebenso ohnmächtig bleibe.

aus der verantwortung will ich eine gezieltere art des *handelns* entwickeln, erkennen, daß ich macht habe. als handelnde bin ich unerwartet für all jene, die mich als frau passiv ausgeliefert gewohnt sind (und auch wollen, daß ich so bleibe).

denn so wie ich er-wachse, wie ich hexe werde, werde ich gefährlich für sie.

erst dies, handelnde sein, macht mich zur akteurin in einem spiel, dessen spielregeln ich mich nicht unbedingt unterwerfen muß. ich kann sie verweigern und kann neue erfinden, bis ich möglicherweise das spiel verändert habe.

je mehr es für mich wirklichkeit wird, mächtig zu sein, desto unverständlicher wird mir die vorstellung, daß ich das so lange vergessen konnte, stellvertretend auch für alle anderen, die mit mir vergaßen.

ich nehme an, daß diese zusammenhänge manchen frauen heute selbstverständlich sind. vor vielen jahrtausenden war es geläufiges wissen.

mit dem vorgang des vergessens — ich kann ihn weder verstehen noch erklären — sind auch viele andere wissenswerte dinge über frauen und von frauen verlorengegangen. wir sind dabei, auszugraben, was längst unser war.

eine meiner ersten ausgrabungen brachte erstaunliche und bedeutende dinge zu tage.

ich fand eine gewisse ehrfurcht wieder, einen respekt vor dem wissen und der einstigen macht von frauen. weitergeführt, entwickelte sich respekt vor diesem kern an macht und weisheit, der in jeder frau steckt und schließlich respekt vor meiner eigenen inneren stärke. ich fand ein gefühl dafür, was die göttin in jeder frau ist und spürte die ehrfurcht, die ihr gebührt.

(„es ist das gesetz, daß alle dinge in der frau geboren werden, auch die dinge, die von männern erfunden wurden. alle sterne sind aus der leere geboren und die leere ist die frau“, agnes whistling elk)

die weisheit der frau steht in sehr enger verbindung zu den gesetzen der welt. sie ist mit ihrem körper an den rhythmus der zeit gebunden. sie trägt den wechsel von tod und wiedergeburt, der alles leben und alle geschichte ausmacht, so deutlich in sich wie kein mann.

eben dieser respekt vor frauen ist in den letzten jahrtausenden mit füßen getreten worden. damit nicht genug, hat man ihn umgekehrt in eine maßlose verachtung. die göttin wurde als längst vergangen vorgegeben. an ihrer stelle thronte ein frauenverachtender gott mit einem sohn, der frauen eine männer-dienende rolle zuschrieb. dies verdeutlicht: wer das bewußtsein verändern kann, verändert die welt.

was von der verehrung der göttin übrig blieb, sind platte höflichkeitsfloskeln und eine sexistische anbetung des weiblichen körpers. so fortschrittlich diese unsere zeit erscheinen mag, auch sie läßt frauen nur die frei-räume, die sie sich selbst erobern — (und die auch nur gegen heftigen widerstand). die heute fortschrittlich anmutende taktik mit der gleichberechtigung hinterläßt — unkritisch besehen — den eindruck, frauen wären vorher weniger berechtigt gewesen. sprich: weniger wert. das maß ist nach wie vor festgelegt und männlich.

was ich aber will, ist maß-los. es geht weit über diese gleichberechtigung hinaus. und doch will ich im grunde nur das, was ist, sichtbar und bewußt machen.

richtet eine frau den blick auf ihre eigene tiefe, ihre eigene geschichte, hat sie es nicht nötig zu bitten oder zu fragen. sie ist längst *wer*. sie muß nur in der lage sein, das zu sehen.

ich will lediglich zurechtrücken, was in der wahrnehmung verschoben wurde: die frau auf den platz, der ihr gebührt und den mann auf den platz, der seiner ist.

dazu gehört an erster stelle, daß frauen untereinander respekt entwickeln. es ist ein großer schmerz in der eigenen geschichte, daß frauen sich immer wieder derart mit der männlichen seite verbündeten, sich derart mit dieser identifizierten, daß sie andere frauen verachteten. viele tun es noch heute.

ich selbst habe frauen lange zeit nicht „interessant" genug gefunden, nicht wert genug. eines tages wurde mir mit schrecken klar, was für ein denken sich da in meine seele geschlichen hatte. mit der verachtung anderer frauen mußte ich mich auch selbst verachten. dieser punkt ist der geschickteste teil der unterdrückung von frauen: sie selbst in der gleichen richtung denken und wirken zu lassen. damit nehmen sie der männlichen unterdrückungsstrategie ein großes stück arbeit ab.

der respekt vor anderen frauen und die ehrfurcht vor der göttin, zeigen nur langsam ihre wirkung.

immer wieder muß ich mich daran erinnern. in die großen und kleinen alltäglichkeiten kann sich leicht eine ungeduld schleichen, eine verachtung, als unverständnis kaschiert. davor muß ich mich hüten. es fehlt mir nicht nur das recht, abwertend und verachtend zu sein, es schadet mir auch.

nützlich ist mir nur die klarheit, daß jede, auf ihre art, auf ihrem weg ist und daß die zeit reifen wird, in der ein neues, altes bewußtsein wieder einfluß nehmen wird auf das geschehen in der welt.

ich muß an vielen stellen auf der hut sein.

wenn die weisheit und macht von frauen so groß ist, kann das, was in der geschichte geschehen ist, nur eine heftige männliche gegenreaktion darauf sein.

und: wie existentiell muß die macht von frauen sein, daß sie männer immer wieder täglich darum kämpfen läßt, diese macht zu leugnen, sie zu vertuschen, sie zu überspielen, sie zu unterdrücken und zu vernichten. ihre angst ist exakt so groß, wie sie die ur-macht der frau verspüren. das gefühl von über-macht soll durch unter-drückung ausgeglichen werden.

um was geht es sonst? warum konnten sie nicht auf dem platz bleiben, der der ihre ist? warum mußten sie ihre macht so unterdrückend gestalten und versuchen, sich zusätzlich den macht-anteil der frau einzuverleiben? nur ein gefühl eigener unfähigkeit — minderwertigkeit — kann ein solches ansinnen hervorrufen.

dies ist an einem einfachen beispiel deutlich festzumachen: dem seltsamen system von erbfolge und familienanordnung, einem zwanghaften männlichen versuch, sich aufzuwerten und einen teil weiblicher macht zu schlucken.

die frau hat die fähigkeit, kinder in die welt zu setzen. sie braucht zwar den mann dazu, aber sie ist es, die über das künftige leben entscheidet, es ernährt und austrägt. sie weiß genau, welches kind ihr kind ist. es besteht kein zweifel über eine mutterschaft. entscheidung über leben oder nicht -leben zeigt wirkung. mutterschaft muß nicht in langwierigen prozessen nachgewiesen bzw. angefochten werden. diese macht ist in der tat groß und beängstigend. was blieb dem mann als gegen-wirkung? diese natürlichen tatsachen wurden durch eine künstliche moralische konstruktion vertuscht, sein ihm schwerwiegend erscheinender mangel an macht über das leben durch eine äußere ordnung wettgemacht. der frau wurde die entscheidung über das leben verboten. als (schwierig beweisbarer) vater setzte sich der mann in die position eines machthabers und schuf wertschätzungen, die verinnerlicht werden sollten: ein sohn ist mehr wert als eine tochter (vom lebensstandpunkt aus völlig absurd), die erbfolge verläuft über den mann. mehr noch: die eigentliche macht der frauen, ihre gebärfähigkeit, wurde in eine falle umfunktioniert. derart ent-machtet konnte die gebärfähigkeit leicht zum sklavenlos werden: wie zum kinderkriegen degradierte maschinen, die funktionieren sollen und ansonsten allenfalls unterbewertete und unterbezahlte aufgabe erhalten. diese neben der erziehung der kinder und dem dienst am mann im haushalt. das system der geringschätzung scheint so perfekt, daß seine dahinter verborgene gewagte konstruktion ohne hand und fuß, ohne berechtigung noch immer nicht offen-sichtig wird. auch gewohnheit hat viel macht. noch machtgierigere männliche forscher sind zwischenzeitlich dabei, uns frauen die macht über das leben (die wir, wenn auch versteckt, immer noch haben), gänzlich aus der hand zu nehmen, sie wollen frauen als brutkasten für ihre experimente einsetzen. der schritt, retortenleben aus dem reagenzglas herzustellen, ist nicht mehr fern. dies zeigt: der hungrige mann schreckt vor nichts zurück, auch nicht vor der eigenen vernichtung.

seine angst vor der weiblichen macht muß so groß sein, daß ihm kein preis zu hoch ist, sie zu besiegen.

als hexe betrachte ich diese entwicklung mit schrecken.
aber dies kann mich nicht lähmen.

je härter die unterdrückung, desto größer wird auch die angst der unterdrücker vor der macht der unterdrückten.

als werdende hexe ahne ich erst, wie groß meine macht tatsächlich ist.

weil ich ständig auf der hut bin — und ich muß es gerade vor männern sein —, soll mir nicht entgehen, wer wann macht über mich haben will oder mir macht stehlen will. zunächst muß ich mir darüber im klaren sein, daß aus meiner sicht jeder mann, egal wie er mir nach außen erscheint, zu jenen gehört, die ihre macht dadurch bereichern wollen, daß sie mir meine stehlen (dies mag nicht bewußt ablaufen). zwischen männern und frauen findet meistens machtkampf statt. ist dies nicht der fall, mag das dafür sprechen, daß sich beide auf bestimmte rollen geeinigt haben.

im grunde kann ich mich als hexe nur so vielen männern nähern und diesen so weit begegnen, wie ich die gewähr behalte, daß es bei mir nichts zu holen gibt, weil ich mir keine macht stehlen lasse. alte erfahrungen haben noch eine derartig nachhaltige wirkung, daß es ab und an schon noch geschehen kann, daß ich doch macht an männer verliere, ohne es zu wollen.

ich kann kaum vorsichtig genug sein.

auch die macht an sich ist etwas, womit ich vorsichtig sein muß. ich muß genau hinsehen, wann ich gefahr laufe, die gleichen häßlichen methoden anzuwenden, also dabei bin, selbst macht über andere herzustellen. das sind fallen auf meinem weg.

macht ist aber dazu da, daß ich sie bei mir behalte. ich brauche sie, um auf die wirklichkeit einfluß zu nehmen.

gleichzeitig ist sie eine aufgabe und eine verantwortung. sie verpflichtet mich dazu, mich mittels ihrer nicht über andere zu stellen, auszunutzen und schlimmstenfalls zu unterdrücken.

macht nicht zu mißbrauchen, ist eine kunst, die zum hexen gehört. sie nicht haben zu wollen, hieße nicht erwachsen, nicht verantwortlich werden wollen.

ich täusche mich, wenn ich macht ablehne. ich habe sie tag für tag. meine wirkungen sind teile dieser macht, gute oder schlechte folgen. will ich sie nicht wahr-haben, kann ich sie zwar schwächen, mich ihrer aber nicht ent-ledigen. also erkenne ich sie besser an und entwickele sie.

das wiederum verlangt von mir, daß ich mich und andere genau beobachte.

wirkt macht dergestalt, daß sie beim anderen einen schritt vorwärts in dessen eigene richtung auslöst, wirkt sie sinnvoll. jede macht, die in die richtung derjenigen lenkt, die die macht haben, ist schon mißbraucht.

ich benutze mit absicht das wort macht, weil ich es als wichtig befinde, daß frauen und hexen sich gerade diesem begriff nähern.

auch von frauen ausgehend, ist macht gewiß nicht immer friedlich, genausowenig wie hexen friedlich sind, wenngleich sie sich dem leben verschrieben haben. sie wollen etwas, sie wollen zurückerobern, was längst ihr eigen ist.

da die politik der letzten jahrtausende eben darauf beruht, dem weiblichen diesen großen macht-anteil streitig zu machen, geht es tatsächlich um macht.

macht im sinne von energie, die durch menschen lenkbar, anwendbar und nutzbar wird.

ich kann nicht nur von energie sprechen, wenn ich das ausdrücke, was wir uns aneignen müssen. energie ist zu neutral. sie sagt nichts aus über die richtung, das ziel, den zweck. als hexe aber verfolge ich ein ziel, nicht zuletzt das der selbstheilung.

die macht, die ich dafür brauche, muß ich mir holen.

macht als eine gerichtete, bewußt hergestellte form von energie heißt, daß sie sich ebensowenig vernichten läßt wie die energie selbst. sie bleibt bestehen. es können allenfalls macht-verschiebungen stattfinden, aber macht kann nicht gänzlich verschwinden.

je mehr wissen ich erlange, je mehr ich mir bewußt mache, je mehr ich weiß, wie ich überleben kann, wie ich mich selbst heilen kann, desto mehr macht habe ich. sie muß, bildlich gesehen, der anderen seite verloren gehen, das natürliche gleichgewicht wieder herstellen. macht ist eine herausforderung.

meine aufgabe als hexe ist zu lernen, wie ich sie bekomme, wie ich sie behalte und wie ich sie auf eine lebensfördernde weise einsetzen kann.

alle wege nach innen, alle spiegel, durch die ich in mich hineinsehen kann, alles, was ich über die zerstörung herausfinde sind nur einige techniken, um zu erkennen, wo macht ist.

ich muß wissen, was mich beeinflußt und wie es mich beeinflußt, um zu lernen, wo ich selbst wie beeinflussen kann.

macht ist nicht nur ein zustand. sie hat immer auch folgen. ihr folgen gedanken und handlungen. für die macht, die ich selbst herstelle und das, was ich mit ihr erwirke, muß ich die volle verantwortung übernehmen können. kann ich diese nicht übernehmen, ist es besser, meine macht in grenzen zu halten.

im grunde brauche ich folglich so etwas wie kontrolle über die macht. und zwar gleichsam über die, die von außen oder innen auf mich einwirkt wie auch über die, die sich in meinem handeln ausdrückt. (solange ich diese nicht habe, bin ich noch immer bewußt oder unbewußt ausgeliefert.)

das lehrbuch der hexe ist sowohl die vergangenheit als auch die zukunft wie auch jeder tag. alles, was sie lernt, zielt auf macht ab und den richtigen umgang mit ihr.

das ist die gefährliche seite des hexischen weges. die hexe hat sich auf ein sein eingelassen, das eine große herausforderung ist und ein ständiger kampf mit gegnern, in sich selbst und anderen. die hexe will keine faulen kompromisse, sie fordert das, was sie befähigt ist, mit kraft und lebendigkeit zu füllen.

macht ist nicht etwas, das ich habe oder nicht habe. ich kann sie durch meinen geist schaffen. sie wächst damit, daß ich sie mir zulasse und an sie glaube.

es gilt: ich habe macht, wenn ich fähig bin, meine macht wahrzunehmen.

frauen auf dem hexischen weg tun nichts anderes als sehen zu lernen, welche macht sie wirklich in sich tragen.

jede frau hat diese tiefe weibliche macht, gerade in unserer zeit könnte diese die macht des überlebens werden.

das ist ein grund, weshalb die hexe ihren weg alleine geht oder zusammen mit anderen hexen.

sie hat auf ihrem hexischen weg keine gemeinsamkeiten mit einem mann. denn da, wo die machtverteilung so lange dergestalt tief gewirkt hat, betrachte ich es als einen trugschluß, wenn frauen der ansicht sind, sie könnten ihren eigenen weg auch zusammen mit männern finden. was sie finden werden, wird kaum ihr weg sein.

ich habe den eindruck, daß viele frauen noch angst haben vor ihrer eigenen macht, vor der kraft, die damit möglicherweise freigesetzt wird und vor der verantwortung, die sie damit tragen.

die frage, was wir aus der geschichte und aus der frauengeschichte lernen können, bleibt unbeantwortet. die frage nach gründen für den heutigen stand der welt kann ich nur vage beantworten: mangel an bereitschaft, ehrlich verantwortung zu übernehmen.

mann sagt, es hätte noch nie jemand aus der geschichte gelernt. vielleicht haben sie nicht genug hingesehen.

hexen bleibt nichts anderes übrig, als die geschichte, sowohl die eigene wie auch die der welt, als ihre lehrmeisterin zu betrachten.

unsere vorgängerinnen hatten sich schon auf den weg gemacht. von ihnen müssen wir lernen und außerdem herausfinden, was wir anders machen müssen, um nicht ebenfalls zum scheitern verurteilt zu werden.

es ist zeit sich zu sammeln
anzutreten.
die lehrjahre sind
vorbei. macht darf nicht mehr
vergeudet werden.
mutter, es hat begonnen.

barbara starrett

die hexe steckt mitten im alltag.

wenn sie nicht auf ihrem besen reitet, muß sie damit fegen wie jede andere frau.

ihre art wahr-zu-nehmen ist es, die sie unterscheidet.

sie hat sich zu klarheit verpflichtet und zu unabdingbarer aufmerksamkeit.

solange sie bei sich ist, entgeht ihr nichts. sie weiß um ihre mitte und kann aus dieser heraus handeln.

wenn sie aber diese mitte verloren hat — und es gibt viele fallen, die die eigene mitte wegzufangen drohen — dann steht sie da mit ihrem besen, zum fegen, und unterscheidet sich in nichts von allen anderen.

sie hat die zauberformeln vergessen. das dicke lehrbuch ist verstaubt, weil sie die darin enthaltenen worte nicht mehr versteht. der kupferkessel auf dem herd bleibt kalt.

die kunst ist dann, nicht nur zu *wissen*, wie es sein müßte, wie es sich anfühlt. damit sie wieder hexen kann, gilt es dann, praktische verhaltensregeln zu kennen, die sie wieder zu sich, zu ihrer eigenen mitte zurückbringen. zu ihrer zauberkraft.

dazu braucht jede frau ihr eigenes hexeneinmaleins.

es gibt viele regeln, die jede hexe für sich selbst herausfinden muß.

keine regel kann allgemeingültig sein, denn jede hexe bringt andere erfahrungen mit und jede hat ein anderes wesen.

es gibt allerdings grundsätze, die allen regeln vorangehen.

zur inneren mitte gehören gelassenheit und kraft.

beides ist in not-zeiten schwer herzustellen.

alle regeln, alle methoden haben dieses eine ziel. sie suchen die innere mitte wieder, öffnen wege in die tiefe, von vertrauen begleitet. in der tiefe liegt der ausgangspunkt der hexischen handlung, jedes hexischen wirkens.

ich möchte hier von meinen regeln erzählen.

sie können nur beispiele sein.

manchmal benutze ich sie, um nicht mehr vorhandene kraft wiederherzustellen, manchmal, um einen zustand von kraft und aufmerksamkeit aufrecht zu erhalten.

gelassenheit ist meine größte hürde. obwohl ich weiß, wie wichtig sie ist, kann ich sie so schwer behalten.

dabei ist gerade die gelassenheit eine grundbedingung für jede art, sich kraft zugänglich zu machen.

ich brauche gelassenheit, um handeln und gleichsam auch warten zu können. denn was immer geschieht, geschieht in der zeit und in der geschwindigkeit, die es für sein wachsen braucht.

alle meine versuche, voranzueilen, mich zu beeilen, andere möglichst schnell oder überhaupt von etwas überzeugen zu wollen, sie müssen mißlingen.

erst gelassenheit gibt mir die ruhe zu betrachten, an welchem punkt ich in meinem leben bin und wahrzunehmen, wo andere stehen.

von allen regeln, die ich für mich gefunden habe, damit sie mir helfen, kraft, gelassenheit und damit meine innere mitte zu finden, steht eine besonderes im vordergrund.

es ist die kunst, was immer ich tue, nur mit der allergrößten macht meinem ganzen sein, mit der allergrößten liebe und mit meinem größtmöglichen einsatz zu tun.

es ist die kunst, so zu leben, daß das, was ich im jetzt gerade tue, auch genau für diese zeit das sinnvollste, das für mich richtige ist. es ist die fähigkeit, so zu leben, daß ich bereit sein kann, in jedweder minute zu gehen, ohne die angst, etwas versäumt zu haben.

es ist die kunst, die gegenwart mit einer besonderen

kraft zu füllen, denn sie ist es, der wir am meisten verpflichtet sind. sie ist der schauplatz des hexischen wirkens.

alle anderen regeln können nur handwerkzeug sein, um diesen inneren zustand von kraft, diese energievolle bewegung zu erreichen.

lebe ich so, dann ist jeder neue tag ein geschenk, dem ich respekt und bewunderung entgegenbringe, weil er mir unendliche möglichkeiten bietet.

daß diese innere haltung ein idealziel ist, braucht mich nicht daran zu hindern, es anzustreben.

was ich als hexe brauche, ist kraft.

das bewußtsein über diese kraft in mir und das einsetzen dieser kraft in meinem denken und in meinen handlungen, das ist macht.

ohne kraft kann ich nicht hexen, ohne mein hexen kann ich nicht so auf die wirklichkeit einwirken, wie ich es möchte.

meine täglichen grundfragen, wenn ich hexen lernen will, sind also: wie mache ich mir kraft zugänglich (auch unter erschwerten bedingungen)?

welche handlungen geben mir kraft, welche handlungen entziehen mir kraft?

gibt es orte, an denen mich die kraft besonders leicht oder besonders schwer erreicht?

gibt es menschen, in deren nähe ich kraft bzw. kraftentzug spüre?

welche gedanken geben mir kraft und welche zermürben mich?

gibt es träume und visionen, in denen ich die kraft spüre?

wie fühlt es sich an, wenn ich kraft habe bzw. mich kraftlos sehe?

ich darf mich dabei nicht auf diese eine, uns als bekannt vorgegaugelte wirklichkeitsebene beschränken. meine wahrnehmung kennt ein viel größeres land.

beschränke ich mich, werde ich einseitig und festgelegt. kraft und macht sind eine frage der wahrnehmung. also muß ich offen sein für alle möglichkeiten, die sich mir bieten.

ich aber muß diese möglichkeiten von mir aus wählen, sonst laufe ich sehr schnell gefahr, verloren zu gehen in dem stürmischen meer der dinge, die auf mich einwirken.

alles, was ich sehe und höre, verändert mich. ich trage es in mir. wenn ich mir nicht die fähigkeit aneigne, auszuwählen, was ich wahrnehme und wie ich es wahrnehme, bin ich wieder ausgelieferte und opfer.

das fernsehen mag dies veranschaulichen: dort wird meine wahrnehmung und vor allem auch der kreis meiner wahrnehmung nicht von mir bestimmt, sondern von der kameraführung eines anderen menschen. (ich habe nur die wahl, ein oder auszuschalten) ich sehe durch seine augen, ohne diesen menschen auch nur zu kennen, schlimmer fremdbestimmt kann ich kaum sein.

gehe ich davon aus, daß das, was ich wahrnehme, mich formt, indem es auf mich einwirkt, dann muß ich besonders diese meine wahrnehmung so hüten, daß ich immer weiß, was mich wie formt.

eine andere meine regeln heißt spielen.

spielen ist eine abenteuerliche sache.

denke ich daran zurück, wie ich als kind gespielt habe, finde ich dort einiges, was ich gebrauchen kann.

spielen hieß damals für mich veränderte wahrnehmung. die welt, in der ich spielte, war nie „normal". sie war so, wie ich sie wahrnehmen wollte. es geschah nur das, von dem ich wollte, das es geschah. ich war die, die die fäden über die wirklichkeit in der hand hielt. ich konnte gestalten, wie immer ich wollte.

spielen bedeutete auch distanz. ich konnte das spiel beenden, wann ich es wollte.

andererseits forderte es meinen vollen einsatz. spielen

machte nur dann spaß, wenn ich „richtig“ spielte, wenn ich mich ganz und gar in meinem spiel leben konnte. ich mußte mit leib und seele dabei sein.

nur dann war es tatsächlich so: wenn ich einmal spielte, dann fand ich genau dieses spiel am tollsten, am spannendsten. etwas langweiliges hätte ich nie weitergespielt.

dies alles sind einfache methoden, die ich von kindern und aus meiner eigenen kindheitserinnerung lernen kann.

auch beim spielen geht es darum, selbstgewählt die wirklichkeiten zu wechseln, um spaß (kraft) zu haben oder um schwieriges in eine leichtere form zu bringen.

diese methoden kann ich mir als hexe zunutze machen. in der gewißheit, daß das, was ich als kind gelernt habe, einen sinn hatte, und daß es sich lohnt, dies wieder aufzugreifen.

veränderte wahrnehmung ist genau das, was ich auch heute an fähigkeit benötige. ich muß mehr als diese eine wirklichkeitsebene erfassen.

die fäden des spiels in der hand zu halten, entspricht einem grundprinzip des hexens: handelnde sein, in der lage sein, eine wahl zu treffen und zu entscheiden.

die distanz, die ich beim spielen entwickeln konnte, die fähigkeit, über beginn und ende zu entscheiden, das ist die nötige freiheit, die ich heute ebenso brauche, um meine handlungen beobachten zu können, gefolgt von der fähigkeit, mich zu verwandeln (mein spiel zu wechseln), wann immer ich es für nötig halte.

den vollen einsatz zeigen, ist eine weitere grundregel des hexens: alle halbheiten schwächen mich mehr als daß sie mich stärken.

von meinem spiel begeistert zu sein und es für das beste zu halten, entspricht der voraussetzung, so leben zu wollen, daß ich ganz und gar hinter dem stehen kann, was ich tue.

spielen hat auch etwas mit einer positiven form des

vergessens zu tun. es vollzieht sich ausschließlich in dieser gegenwart, im hier und jetzt, und kann mir kraft geben. vergesse ich für die dauer des spiels die last der vergangenheit und die last einer zukunft. im spiel lasse ich nicht zu, daß etwas die kreise meiner sorgfältig gewählten gegenwart zerstört.

spielen ist also eine art des seins, mit der ich mir kraft zugänglich machen kann. ich kann diese methode bewußt oder manchmal unbewußt einsetzen, etwa um ein ziel zu erreichen oder um zeiten zu bewältigen, die mich ansonsten zuviel kraft kosten würden.

die schwierigkeiten unterscheiden sich nicht von denen von früher:

wissen, wann und mit wem ich spielen kann: wissen, wann ein spiel spaß machen wird und wann es gefährlich wird; wissen, wann es besser ist, ein spiel zu beenden. ein spiel, daß ich nicht rechtzeitig beende oder in das ich mich zu sehr hinein-verliere, kann macht über mich bekommen. früher hieß das: bis eine heult.

ich habe eine freundin, eine meisterin darin, etwas im spiel zu bewältigen. es gab eine zeit, in der wir uns sehr viel austauschen konnten, weil wir uns beide ein spiel gewählt hatten, das uns verband.

sie hatte sich entschlossen, eine landwirtschaftliche lehre zu machen. dazu gehörte: wohnen in der familie auf dem hof, ein harter und langer arbeitstag und alles, was dieser beruf außerdem beinhaltet, wenn sich eine frau in einen bereich wagt, der größtenteils männern vorbehalten bleibt.

ich hatte einen ähnlichen lebenseinschneidenden schritt vor mir: ich entschloß mich, eine tischlerlehre durchzuführen, auch auf dem dorf, in einen kleinen eingefahrenen handwerksbetrieb.

eines warmen abends saßen wir in dem dorf in der eisdiele und unterhielten uns über unsere seltsam ähnlichen wege. sie sagte: wenn eine kriegerin sich entschlossen hat, eine bäuerin zu werden, dann wird sie es mit ganzen herzen. und ich erwiderte, wissend, auf was ich mich eingelassen hatte: wenn eine kriegerin sich entschlossen hat, eine tischlerin zu werden, dann wird sie es mit ganzem herzen. wir sahen uns todernst an und brachen dann in fürchterliches gelächter aus. dennoch wußten wir, es war ernst.

sie stand am gleichen punkt wie ich: beide wußten wir, daß wir wissen und fähigkeiten erwerben wollten, für das wir uns für eine begrenzte zeit auf eine sehr fremde welt einlassen mußten.

wir wußten vorab, wohin wir wollten und auf was wir uns einließen. ohne dieses wissen konnte das spiel nicht gelingen.

zunächst verstand meine freundin nicht, was ich meinte, wenn ich von spiel sprach. wenn ich ihr sagte, so eine lehre könnte nur ein spiel sein, wir müßten immer aufpassen, daß wir das spiel in der hand behielten, damit nicht das spiel uns in der hand hat.

sie entgegnete, sie würde nicht spielen, sie meine es ganz ernst.

ich ahnte jedoch, daß sie sich die gleichen methoden angeeignet hatte wie ich, um schwierige situationen mit kraft zu bewältigen.

anscheinend war auch sie in der lage, so wahrzunehmen, wie sie es wollte und diese wahrnehmung zumindest für geraume zeit immer wieder zu bestimmen. wo immer möglich, blieb sie die handelnde. sie liebte es eben, den ganzen tag bis spät in die nacht trecker zu fahren, zur not auch mit flutlicht und lautem radiogetöse. die kunst war, aus dem vorhandenen das allerbeste zu machen. sie schaffte es, viele dinge so zu sehen, daß sie sie lieben konnte. es gehörte mit zu unserem spiel, wenn wir abends zusammensaßen und uns köstlich amüsierten, während wir uns über unsere schrecklich tyrannischen chefs aufregten. all das hatte nichts schweres. die leichtigkeit des spiels zog sich sogar durch alle schwierigkeiten. wenn ich spiele, bin ich mit ganzem herzen dabei. ich liebe, was ich tue und bin be-geistert.

anders ist eine reise in eine solche welt, die uns eigentlich so fremd sein müßte, weil unbarmherzig und oft genug gleichgültig, gar nicht zu überleben.

ich brauchte die kraft, die ich aus meiner art, das ganze als spiel zu sehen, zog, um all die anderen dinge die ich ja auch sah, zu bewältigen und ohne verletzungen zu überstehen.

die häßlichkeiten und kämpfe, die härten, die in eine welt gehören, in der sich männer ungestört unter sich fühlen; all ihre versuche, macht über mich auszuwirken. hätte ich nur letztere sehen können, meine seele hätte schon nach kurzer zeit gestreikt. ich hätte die lehre nicht durchgehalten.

es gab auch immer wieder zeiten, in denen das spiel mich in der hand hatte. dann war jedes aufstehen zu früh, jede arbeit zu anstrengend oder zu langweilig und die menschen, mit denen ich arbeiten mußte, häßlich, ausfallend und widerlich. das zeichnete sich in mein gesicht. wenn dem so war, brauchte ich eine weile konzentration, besinnung auf mein vorhaben und durchhaltewillen, bis es mir wieder gelang, meine wahrnehmung so zu verändern, daß ich das ganze vorhaben wieder als spiel sehen konnte. dann war es mir kein feind mehr.

aus dieser zeit habe ich viel gelernt. ich habe mich ausprobiert und an meinen grenzen gerüttelt, ich habe viele rollen gespielt und fähigkeiten in mir entdeckt, mit denen ich nicht gerechnet hatte.

irgendwann, nach erreichen meines Ziels, hielt ich es —

zwar mit schmerzen und etwas wehmut — für wichtig, das spiel zu beenden. wenn nötig, gehe ich ein neues ein.

lange dachte ich, die fähigkeit zu spielen sei mir nur in der welt draußen von nutzen. aber das stimmt nicht. ich kann diese art zu sehen immer gebrauchen, gerade auch in meinen alltäglichen kleinigkeiten, die ansonsten die gefahr einer gewohnheit in sich bergen.

spielen bedeutet so etwas wie eine herausforderung, annehmen.

es ist spannung dabei. ich weiß nie, ob mir gelingt, was ich vorhabe. ich muß mich anstrengen. ich begebe mich gewissermaßen in gefahr. bewege mich ein stück auf glatteis. ich weiß, daß das spiel mich stärken kann, solange ich aufmerksam handele, es kann mich aber auch schwächen, wenn ich seine macht unterschätzt habe. in jedem fall brauche ich meinen vollen einsatz.

ich muß spielen, als könnte dies das letzte sein.

halbheiten machen schwach.

hexen können sich keine halbheiten leisten.

ich frage mich, weshalb es so schwer für mich zu sehen ist, welche der in kindertagen erlernten lebenstaktiken ich mit in mein erwachsensein hineinnehmen kann. ich spreche hierbei die taktiken an, die mir meine überlebensfähigkeit sichern.

es gibt diese ganzen dramen der kindheit, aus denen wir schlüsse gezogen haben, die sich im erwachsen-sein als fehlverhalten und störungen zeigen. es gibt eine ganze wissenschaft, die all diese enträtseln will.

warum nehmen wir so wenig wahr von den dingen, die wir damals gelernt haben, um sie heute anzuwenden?

irgendwann haben wir uns in einem raum des vergessens begeben. von dort aus ist schwer zu sehen.

und es ist besonders schwer, sich nicht nur der hindernden und mißglückten erlebnisse zu erinnern, sondern auch oder gerade derer, die mir heute weiterhelfen könnten.

für mich ist die art zu sehen, die kindern eigen ist, zum leitfaden meines handelns geworden; es ist dies die fähigkeit, ganz und gar im jetzt zu leben.

meine gedanken, in form aller gedanken nach vorne und nach hinten, können mein gefühl für den augenblick, für das jetzt, völlig übertönen. eine freundin beschrieb dies einmal, indem sie sagte, ihre gedanken seien so laut, daß sie nichts hören könnte.

gedanken können mich zu einer sklavin machen, die dazu verdammt ist, immer gerade nicht im jetzt, sondern im morgen oder im gestern zu sein. diese gedanken muß ich einfangen und ihnen das schweigen erklären. sie sollen da sein, wo sie hingehören. die einen im gestern und die anderen im morgen. im jetzt gelten nur die gedanken, die in die gegenwart gehören und selbst von ihnen muß ich so viel freiheit haben, daß sie auf meine bitte hin schweigen.

das heute muß ich mir immerzu bewahren, das jetzt und den augenblick als den raum, von dem ich ausgehen kann.

ein kind, das spielt, ist selbstvergessen. selbstvergessenheit ist die kunst, nicht weiter zu sehen als ins jetzt.

ich brauche die freiheit, genauso nur so weit zu sehen, wie ich mich zu sehen entscheide. habe ich diese freiheit nicht, lebe ich in enger verbundenheit mit einem fürchterlichen tyrannen.

mit der entdeckung des jetzt bekommt die zeit eine neue dimension. zwischen dem drängenden gestern und dem drängenden morgen bleibt eine zeit, um wirklich zu *sein*.

diese scheinbare begrenzung auf das jetzt, ist faktisch keine begrenzung; sie ist eher eine ausdehnung in eine andere dimension.

in dem gefühl, daß nur dieses jetzt, nur dieser augenblick wichtig ist, kann ich eine ruhe entwickeln, mit der ich verbindung zur zeitlosigkeit aufnehme. es ist die unendlichkeit.

aus dieser ruhe schöpfe ich kraft.

ich habe diese kraft einmal die macht des jetzt genannt.

ich glaube noch immer, daß es die größte macht ist, die wir besitzen.

bildlich gesprochen sieht das so aus:

wenn ich mich auf einer wanderung befinde, ist es möglich, daß ich mich hauptsächlich damit befasse, zurückzudenken, welchen weg ich bereits gegangen bin und nach vorn zu sehen, wohin ich will. was ich sehe, ist in mir, es beschäftigt mich. das heißt, ich bin nie wirklich nur da, wo ich gerade bin, sondern immer auch dort, wo ich gewesen bin und dort, wo ich sein werde. das zehrt an mir. es raubt mir kraft. so viel kraft jedenfalls, daß ich die jetzt-schritte nicht mit der größtmöglichen intensität gehen kann. sie bleiben schwach.

ferner kann es vorkommen, daß das, was vor mir liegt, mich erschreckt. es mag den anschein erwecken, als sei es unmöglich zu begehen, unmöglich zu bewältigen, wie ein berg, der wächst, wenn ich ihn betrachte. dann muß ich mich gegenüber einem ziel, das zu schwer zu erreichen scheint, hilflos und unzulänglich fühlen. wenn es also zu schwierig erscheint, gebe ich auf und ändere das ziel.

weiß ich allerdings um die macht des jetzt , habe ich mittel in der hand, meine wanderung anders zu gestalten.

ich betrachte jeden meiner schritte als einen ganz besonderen. mein ziel wird sein, nur diesen einen besonderen schritt vorwärts zu gehen, es gibt nichts wichtigeres als ihn und nichts außer ihm, womit ich mich beschäftigen muß. ich habe meine gesamte kraft frei für diesen einen schritt. wenn ich mein ziel erreicht habe, nämlich diesen einen schritt zu gehen, kann ich mich zum nächsten, einem ebenso besonderen entscheiden. ohne zurücksehen zu müssen, trage ich die kraft dieses letzten schrittes in mir. kein noch so hoher berg kann mich erschrecken, denn er interessiert mich nicht.

jeden entschluß, mich zu ändern, kann ich nur so durchhalten. jeden weg, für den ich mich entscheide —

insbesondere den hexischen — kann ich nur so gehen.

alles andere sind nur diese guten vorsätze eines silvesterabends, die noch nicht einmal bis in den januar halten.

das jetzt ist überschaubar. für eine übersichtliche zeit kann ich entscheidungen treffen, ohne mich zu überfordern. möglicherweise ist das das einzige, was mich überhaupt in die lage versetzt, entscheidungen zu treffen.

ich muß mich von einer fordernden zukunft befreien.

im heute leben, heißt, mit dem tod, der am nächsten tag bevorstehen kann, ohne angst zu rechnen. wenn morgen die welt untergeht, gibt es einen grund, heute nicht zu leben?

wenn ich im heute lebe, fühle ich mich jeden tag in besonderer weise verpflichtet. ich versage mir den all-tag.

aus einem scheinbaren normalzustand mache ich einen ausnahme-zustand: das besondere ist, daß ich lebe, es ist meine aufgabe und meine chance.

die macht des jetzt ist eine macht, die niemand mir streitig macht außer ich mir selbst. sie ist eine form von kraft, die am leichtesten zu erlernen und am schwierigsten zu bewahren ist, weil sie allem widerspricht, was wir bisher in unserem leben gelernt haben: nach vorne denken, für die zukunft planen, uns nach allen seiten absichern, große ziele stecken, vorankommen, möglichst viel erreichen etc.

ich breche mit diesen wertvorstellungen und traditionen wenn ich beschließe, im heute zu leben. ich richte meinen blick nur auf das wesentliche eines tages oder eines augenblicks. das ergibt eine art von konzentration, die aus einer kurzen zeitspanne mehr macht, als mir früher jemals möglich erschien. im angesicht einer ungewißheit, die sich als mein tod herausstellen kann oder aber als ein neuer tag, erschaffe ich eine stimmung in mir, die meinen handlungen eine ungeahnte kraft gibt.

diese haltung zum tag ist sozusagen das tägliche brot einer hexe. es ist die methode, mit der sie sich so gut nährt, daß sie handlungsfähig wird. kaum jemand wird dies als macht erkennen und verstehen können. sollten andere sie doch begreifen, so können sie keinen einfluß darauf nehmen. die der hexe eigene art, ihren tag zu sehen, bleibt ihr geheimnis und in ihrer hand.

ich habe eine freundin, die mir vor jahren von dieser methode erzählte. sie sagte, sie habe es nur mit dieser methode und damit, daß sie die regeln der anonymen gruppen akzeptierte, geschafft, sich jeden tag neu zu sagen: dieses eine glas alkohol lasse ich stehen. so ging sie schritt für schritt über einen berg, der ihr zuvor unüberwindlich erschienen war.

dieses gespräch hinterließ bei mir einen bleibenden eindruck. es setzte eine art zu sehen und damit innere möglichkeiten in gang, die ich vorher nicht gekannt hatte. es war, als hätte sie einen teil meiner seele lebendig gemacht, von dem ich vorher nichts gewußt hatte.

ich ahnte, daß alle meine vorsätze und pläne keine kraft haben könnten, wenn ich nicht bereit war, diese vorsätze auf das heute zu beschränken.

was sie mir zusätzlich (unwissentlich) vermittelte, war die tatsache, daß jeder handlung im leben eine entscheidung vorangehen muß. fehlt diese, bleibt es eine handlung ohne kraft, eine von den vielen gleichgültigen handlungen ohne wirkung. ich brauche etwas, das mir wert genug ist, dafür das heute zu versuchen, sei es auch noch so klein und scheinbar unwichtig. mein erstes experiment mit dieser methode, war das rauchen.

am tag nach dem gespräch beschloß ich, für diesen einen tag mir keine zigarette anzuzünden. ich weigerte mich lange zeit — endlich — zu sagen, ich würde nicht mehr rauchen. ich wollte nichts wissen von dem, was sein würde und was war. ich wußte nur, für diesen einen tag werde ich nicht rauchen und ich wußte, wenn ich das geschafft hatte, würde ich mir das gleiche am nächsten tag vornehmen.

es gelang, weil es überschaubar war.

später übertrug ich diese methode auf eine völlig andere situation.

mein entschluß, eine tischlerlehre zu machen, war ein ernsthafter, obwohl ich spürte, wie mich der gedanke ängstigte.

eigentlich war ich davon überzeugt, gar nicht fähig zu sein, acht stunden am tag hart zu arbeiten. der gedanke, drei jahre meines lebens so festgelegt zu verbringen, erschreckte mich noch mehr. ich wußte, daß mich nur eins retten konnte:

ich mußte mich dazu entschließen, in dieser bevorstehenden zeit diese arbeit und nichts anderes das wichtigste in meinem leben zu nennen.

für dieses wichtigste konnte ich mich jeden tag auf neu entscheiden. damit brachte ich mich in den zustand jener zeitlosigkeit, den ich brauchte, weil er mir die angst nahm. in dieser zeitlosigkeit war es unwichtig, ob ich zwei tage arbeiten würde oder jahrzehnte. ich entwickelte die kraft, mich in meiner täglichen entscheidung so wohlzufühlen, daß selbst schwierigkeiten mir weniger zu schaffen machten. eine scheinbar schwere zeit wurde eine wirklich leichte. die meisten dinge, die ich anfing, gelangen mir.

dieses wesentliche für das gegenwärtige leben herauszufinden, diesen entschluß zu fassen und ihn heute um heute in eine wirklichkeit umzusetzen, das sind elementare hexische regeln.

es gibt viele frauen, deren handlungen wenig oder keine kraft haben. sie sind von ihren eigenen vorhaben und handlungen weder überzeugt noch wissen sie etwas darüber, wie sie sich die dafür erforderliche kraft zugänglich machen können.

ich glaube, der erste schritt ist, das für das gegenwärtige leben wesentliche herauszufinden und ihm einen namen zu geben. das kommt einem entschluß gleich: sich aus dem durcheinander der zahllosen inneren und äußeren richtungen und möglichkeiten *eine* auszuwählen. erst wenn ich dieser dann im *heute* eine chance gebe, hat sie überhaupt eine chance, voller kraft zu sein.

wie die entscheidung heißt, ist gleichgültig.

eine andere regel, die ich täglich brauche, heißt: schätze sammeln.

innere schätze geben kraft. sie bauen einen vorrat auf, von dem ich in notzeiten zehren kann, wenn ich drohe, innerlich grau zu werden, wird es meine fähigkeit, schätze zu sammeln sein, durch die ich wieder anders sehen lerne. schätze können alles sein.

es muß mir nur gelingen, sie zu erschaffen bzw. sie wahrzunehmen und dann: sie als schätze in mir zu bewahren, sie nicht gleichgültig zu verwerfen.

schätze sind begrenzte ausschnitte meiner wirklichkeit. diese begrenzung ist wichtig dafür, wie ich wahrnehme. sie sind augenblicke oder kurze zeiten, die aus einem tag herausragen. sie zeichnen sich dadurch aus, daß sie meine stimmung verändern können.

schätze sind szenen, oft nur augenblicke, die mich glücklich machen, in denen ich eine freude so erlebe, daß ich sie mir bewahren kann.

eine zeitlang holten wir jeden abend bei einem bauern unsere milch. für viele wäre es einfach nur milch-holen gewesen. ich glaube, für jede von uns aber war es jeden tag etwas besonderes. es war die handlung, die den tag abschloß und den abend ankündigte.

manchesmal, wenn ich keine lust hatte zu gehen, konnte ich mich wenig später fragen: was war eigentlich mit mir los? es ging nie eigentlich um die milch. der weg war das besondere und die gespräche, wenn ich nicht alleine ging. an einigen abenden brachte ich einen kleinen, an anderem einen größeren schatz mit. ich ging, verworren wie ich war, mit meinem tag in den kuhstall und tauchte ein in diese andere welt. es gab dort immer etwas zu helfen, eimer zu schleppen oder kälber zu füttern. manchmal, wenn sie fertig war, blieb die alte bäuerin noch bei uns stehen und erzählte ein bißchen. es konnte geschehen, was wollte, für sie war jeder tag ein abenteuer. jeder warme sonnentag im sommer war für sie ein ebenso erwähnenswertes geschenk, wie jeder klare wintertag. sie hatte eine art zu sehen, aus der ich eine einfache und ehrliche begeisterung für das leben lesen konnte.

ihre arbeit war nie nur schwer.

nach hause ging ich dann mit dem großen schatz der ahnung dessen, was es bedeutet, diese vielen kleinen schätze am tag sehen zu *können*.

zu zeiten, in denen es schlimm mit mir steht, in denen ich gefahr laufe, alle verbindung zu mir und meinen träumen zu verlieren, ist es diese regel des schätze-sammelns, die mich am ehesten retten kann. dann suche ich mir abends einen ort der ruhe. ich warte, bis ich wirklich beisammen bin. danach erinnere ich mich an den vorangegangenen tag. ich suche einen schatz darin. es muß wenigstens einen sehr kleinen schatz geben. ich muß nur in der lage sein, ihn wahrzunehmen und ihn zu erinnern. manchmal dauert es sehr lange, bis ich etwas finde, aber die erfahrung zeigt, daß es kaum einen tag gibt, an dem nicht eine schöne kleinigkeit passiert ist. ich schule damit meine konzentration und meine fähigkeit, schätze zu entdecken und diese nicht mehr zu vernachlässigen.

nun kann ich den nächsten schritt tun. ich nehme mir für den nächsten tag vor, nicht nur einen schatz zu finden, sondern selbst einen herzustellen. dazu bin ich am ehesten fähig, wenn ich mir oder jemand anderes etwas ganz besonders gutes tue. zusätzlich hat das die wirkung, daß ich mich darauf freue, was mir das gefühl gibt, abends wenigstens mit einer freude ins bett zu gehen.

im sommer fällt mir das alles leichter. da sind draußen so viele schätze, daß ich sie kaum sammeln kann.

ich kann die rote abendsonne hinter den feldern verabschieden, ich kann mich für einen mittagschlaf auf die wiese legen und sonnenstrahlen zählen, ich kann eine nacht im stroh unter einem riesigen leuchtenden sternenhimmel verbringen und morgens mit den ersten hasen in der taufrische aufstehen. das sind so große schätze, daß sie ein ganzes jahr vorhalten können.

an grauen wintertagen reicht vielleicht ein spaziergang in der geheimnisvollen dämmerung oder eine heiße badewanne mit kerzenlicht. es gibt immer schätze.

wenn ich in der lage bin, schätze zu sehen und herzustellen, dann mache ich die erfahrung, daß sie mir auch häufiger von selbst begegnen.

denn ich sehe ja nur das, was ich bereit bin wahrzunehmen.

an einem nebligen novembertag ohne licht und voll kälte, kann ich so oder so sehen:

ich kann mich bedroht fühlen und eingeengt, gehindert und bedrückt, verlassen, einsam, trübe und lustlos.

ich kann mich aber auch ebenso in die ruhe des nebels einfühlen, in seine geheimnisvolle unsichtbare bewegung. ich kann mir ausmalen, welche wesen in ihm wohnen und mich auf meinen weg nach innen weisen, nebel kann mich auch schützen.

der tag selbst bleibt so oder so der gleiche. nur für mich ändert er sich.

‚schätze sammeln‘ ist eine art zu sehen, die ich üben kann.

es ist wichtig, daß ich schätze bewußt sammele. als hexe brauche ich das bewußtsein darüber, damit ich es anwenden kann. meine schatzkiste ist meine seele. sie ist unendlich groß. je mehr schätze ich sammle, desto mehr polster habe ich für die hindernisse auf meinem weg. bin ich gut ausgerüstet, kann nicht jede widrigkeit mich aus der bahn werfen.

aber nicht nur dafür brauche ich sie.

‚schätze sammeln' ist ein lernprozeß auf dem hexischen weg. es geht wieder darum zu erfahren, daß die hexe ihre wahrnehmung selbst bestimmen kann. es gibt nichts, was auf eine allgemeingültige art und weise ist. es ist alles nur so, wie jede es auf ihre art sieht.

schätze sind auch so etwas wie eine innere lebensversicherung. trage ich sie in mir und habe ich verbindung zu ihnen, kann ich in notfällen auf sie zurückgreifen. vor solchen notfällen werde ich immer stehen.

ich selbst nenne das ‚positives erinnern'.

ich habe festgestellt, daß ich, wie wohl die meisten, mich sehr gut negativ erinnern kann. ich bewahre meine schlechten erfahrungen und hüte sie, angeblich weil sie mir helfen sollen, nicht wieder die gleichen negativen erfahrungen zu machen. mit einer erinnerung an schlimme erlebnisse oder schlimme stimmungen aber kann ich genau diese hervorragend wieder herstellen und sie mein denken und mein handeln beeinflussen lassen. schlimmstenfalls greife ich in schwierigen zeiten auf vergleichbar schwierige vergangene zeiten zurück und verliere dadurch erst recht den letzten mut.

warum sollte es nicht genausogut möglich sein, sich positiv zu erinnern?

und zwar auf eine art und weise, die mich herausfinden läßt, wie und warum ich in der lage war, diesen positiven zustand zu erleben. die idee dahinter ist: wenn ich das handwerkszeug habe, kann ich es auch anwenden.

inzwischen weiß ich, daß es geht.

dazu brauche ich aber tatsächlich einige voraussetzungen, denn sich negativ zu erinnern und diesen stimmungen ausgeliefert zu sein, ist leichter. erstaunlicherweise habe ich gelernt, meinen schlechten stimmungen eher zu trauen als meinen guten.

um mich sinnvoll positiv zu erinnern, muß ich zunächst darauf vertrauen, daß eine bewußt hergestellte positive innere stimmung tragfähig ist.

ferner muß meine erinnerung so scharf sein, daß ich mich nicht nur einer bloßen stimmung erinnere, sondern auch der umstände, die dazu führten. ich muß mich fragen können:

was ist mir gelungen und warum ist mir dies gelungen? wie habe ich mich gefühlt? wo habe ich kraft gespürt? wie ist es dazu gekommen? wo sind die ähnlichkeiten mit meiner jetzigen situation? worauf kann ich an erfahrung zurückgreifen?

ich darf also nie bei der erinnerung an einen „schönen" zustand halt machen. wenn ich mich gerade weniger gut fühle, wird diese erinnerung mich nur schwächen, solange ich nicht praktische hinweise daraus entnehmen kann. reine erinnerung kann die kluft zwischen dem, was ist, und dem, wie ich es mir wünsche, so groß machen, daß sie mich lähmt.

am leichtesten gelingt mir das positive erinnern mit den schätzen, die ich auf meinen reisen sammele.

es ist das reisen an sich, das in mir schon eine ganz bestimmte stimmung auslöst:

die ungewißheit dessen, was mich erwartet, versetzt mich in einen zustand von wachsamkeit, in dem ich alles für möglich halte, bereit, allen möglichkeiten auf beste weise zu begegnen. ich bin kaum je so flexibel wie auf reisen, jeder situation deshalb gewachsen, weil ich mit allem rechne und mich darauf einstelle. ich habe keine angst vor gefahr, weil ich weiß, daß ich sie aufmerksam im auge behalte. jeder tag ist ein abenteuer. die kraft der tage zählt auch deshalb, weil ich im heute lebe, wenn ich mit ganzem herzen reise.

diese innere haltung wird durch äußere bedingungen hergestellt. reisen, den ort wechseln, jeden tag etwas neues sehen.

daraus entsteht meine innere haltung.

genau diese ist es, die ich von einer reise mitbringe. an sie will ich mich erinnern. mit ihr erinnere ich mich an eine zeit voller intensität. bedarf dieses besondere lebensgefühl einer erneuerung, brauche ich nur auf reisen zu gehen.

das ist zwar beruhigend zu wissen, es nützt mir aber noch nichts für meinen alltag. erst wenn ich auch da meine erinnerung nutzen kann, bin ich einen schritt weiter.

beispielsweise, wenn ich etwas bevorstehendes als reise mit bekannter oder unbekannter dauer betrachte.

das kann eine arbeit sein, eine ausbildung, ein buch schreiben, eine krankheit durchleben, eine neue umgebung, neue menschen, denen ich begegnen will. vielleicht ist es auch etwas, was ich schon sehr lange tue, was ich aber anders machen oder anders sehen möchte. in dem moment, in dem ich mich über das gefühl des reisens für alles öffne, bekommen diese dinge eine neue dimension: schwieriges läßt sich mit weniger angst bewältigen, weil ich innerlich zu allem bereit bin; gewohntes sieht anders aus, weil ich völlig neue gesichtspunkte entdecke; menschen, denen ich begegne — bekannte wie unbekannte — werden auf eine andere art interessant. ich befinde mich ständig in einer wachsamkeit, die ich nur habe, wenn ich weiß, daß es unendlich viel zu entdecken gibt.

gelingt es mir, dieses gefühl mit in meinen alltag zu nehmen, wird mein leben wie auf einer reise in bewegung geraten.

vielleicht kann ich eines tages sogar auf die reisen verzichten, die ich ja nur deshalb mache, um durch die fremde und die ungewißheit dieses gefühl in mir zu erzeugen. ich bin mein eigenes abenteuer.

dieses positive erinnern ist vergleichbar mit dem bewußten und gezielten umgang mit erfahrungen. bin ich nicht fähig, meine erinnerung für die gegenwärtige situation zu nutzen, stehe ich wiederholt hilflos vor schwierigkeiten, für die ich bereits einmal wege gefunden hatte. oder ich ergebe mich in schlechten selbstwertgefühlen, obwohl ich mich erinnern könnte, daß ich mich auch anders — stark und kraftvoll — kenne.

mit dem erinnern wird nur noch deutlicher, in welchem großen zusammenhang all meine erlebnisse und erfahrungen stehen. sie sind lernschritte auf meinem weg.

positives erinnern bewirken meines erachtens auch die wirklich guten therapien. es gibt psychosomatische therapien, bei denen sich die frauen nicht nur auf die schliche kommen, sondern die es sogar möglich machen, das versteckte innere kraftzentrum zu finden: sie bauen auf. da eine therapie begrenzt sein muß, stehen die frauen eines tages wieder in ihrer alten alltagssituation und müssen in dieser lernen, neue wege zu finden.

eine therapie kann nur so viel erfolg haben, wie sie die wachsamkeit und das positive erinnern im alltag lehrt. sie muß die frauen befähigen, analogieschlüsse zu ziehen, sie muß sie sehen lehren, wo situationen auftreten, für die sie bereits sinnvolle lösungsmöglichkeiten gefunden hatten bzw. wo und wie völlig neue schwierigkeiten mit der erinnerung an das bereits gelernte handwerkszeug zu bewältigen sind.

meine nächste regel ist auch eher ein erinnern an ein wissen, einen grundsatz, der mich leiten kann.

alles, was mich umgibt, alle menschen und alles, was ich erlebe, all diese dinge sind spiegel, die in mein inneres zurückleuchten.

ich kann das auch nennen: innen ist außen und außen ist innen. dem geht wiederum voraus:

gedanken haben macht.

vor allem, was ich fühle, sehe und tue, stehen zuerst meine gedanken. sie sind es, die mich leiten und lenken. sie sind es, denen ich ausgeliefert bin, wenn sie mir aus der kontrolle geraten. das kann so weit gehen, daß ich morgens aufwache und, kaum richtig wach, schaltet sich schon das reinste gedankenkarrussel ein. gedanken können mich in gute und schlechte stimmungen versetzen, sie können mich unter druck setzen oder erleichtern, sie können dazu führen, daß mir etwas gelingt oder mißlingt, sie sind die vorbereitung meines weges.

für meinen hexischen weg und für meine suche nach kraft brauche ich nicht nur die entscheidung über meine wahrnehmung, sondern auch die über meine gedanken.

mir selbst fällt das sehr schwer. gedanken können mich tyrannisieren, sie können mich so bedrängen, daß ich nur noch mit krankheit oder müdigkeit reagieren kann. meine gedanken anzuhalten, wissend, daß ich zunächst darüber entscheiden muß, ist eine große hürde auf meinem weg.

immerhin weiß ich, wohin ich will.

wenn gedanken macht haben, brauche ich die entscheidung über sie, um ihre wirkungen lenken zu können.

der erste große schritt ist herauszufinden, welche macht gedanken haben, welche wirkung sie haben und welche verschiedene arten von gedanken es gibt.

es ist kein leichtes unterfangen, herauszubekommen, welche gedanken welche wirkung haben. ich muß nicht nur beobachten, was ich wann denke und wie, sondern auch, welchen uralten glaubensmustern meine gedanken entspringen.

diese glaubensmuster muß ich identifizieren, sie bilden eine breite grundlage für das, was ich erlebe. aus ihnen heraus schaffe ich meine erfahrungen und messe sie an diesen glaubensmustern. an sie, die quelle meiner gedanken, muß ich heran, will ich über meine gedanken entscheiden können.

die greifbarsten träume kann ich nicht verwirklichen, wenn sie, ohne daß mir das klar ist, im heftigen widerspruch stehen zu dem, was ich im tiefsten innern glaube.

manche träume kann ich nur dann verwirklichen, wenn ich zuvor den schlüssel zu meinem tiefen glauben finde. möglicherweise muß ich diesen erst ändern, damit meine träume eine chance haben.

vorhaben, handlungen und träume, die nicht von meinem glauben unterstützt werden, haben keine kraft. sie tragen ihre verhinderung oder ihr scheitern bereits in sich.

es gibt viele gedanken ohne macht, ebenso viele wünsche. sie entsprechen zwar meinem gegenwärtigen willen, kollidieren aber, ohne daß ich es weiß, mit meiner tiefe.

ich muß also den ursprung meiner gedanken herausfinden. das ist eine mühselige arbeit. es kann nämlich sein, daß ich die glaubensmuster, die ich mit mir herumtrage, gar nicht wahrhaben will.

statt sie herauszufinden und an der wurzel zu ändern,

habe ich irgendwann beschlossen, sie einfach zu ignorieren. ich muß mich folglich nicht wundern, wenn mir mißlingt, was ich vorhabe, wenn meine gedanken und wünsche sich nicht verwirklichen.

fast alle glaubensmuster haben ihren ursprung in der kindheit. es sind meinungen, die wir aufgrund von erfahrungen selbst gebildet haben oder meinungen, die wir von anderen übernommen haben. wir ordnen unsere erfahrungen so, daß wir dieses bild bestätigt finden. eltern und geschwister sind eine seite, von denen wir meinungen über uns oder richtlinien, wie wir zu sein haben, angenommen haben. eine andere wichtige seite, die uns diese bilder malte, sind schule und vor allem die religion gewesen, der wir uns vielleicht beugen mußten oder in der wir mit begeisterung lebten.

alle unsere vorstellungen von gut und schlecht und sünde sind — wie es so schön heißt — verinnerlicht.

auch wenn wir heute meinen, anders zu sein und anders zu denken, diese alten muster müssen wir dennoch herausfinden, damit wir jedes übel an der wurzel packen können.

gelange ich an einen punkt, an dem ich merke, daß ein uraltes abgestandenes muster mich hindert, dann versuche ich, es erbarmungslos beim namen zu nennen.

notfalls gebe ich ein paar tagen oder einer langen zeit die aufgabe, dieses muster mit worten zu beschreiben: ich schreibe alles auf, was mir dazu einfällt und sei es auch noch so schrecklich.

auf diese art habe ich schon manche hindernisse in mir entdeckt. ich fand heraus, daß mein traum, mit anderen frauen zu leben, zu arbeiten und mit ihnen ein stück einer anderen kultur zu entwickeln, sich nie so verwirklichen ließ, wie ich es träumte. neben vielen anderen hindernissen fand ich heraus, daß ich ein tiefes glaubensmuster in mir trug, das mir vorschrieb: es ist nur möglich, alleine ganz zu sein. deshalb mußten andere eine ständige bedrohung für mich darstellen. ich wollte etwas anderes, als ich bis dahin konnte. erst wenn ich bereit bin, in mir einen anderen glauben zu wählen, hat das äußere eine chance.

außen ist innen.

das gibt mir die möglichkeit, diesen vielfältigen spiegel zu nutzen. ich glaube, keine von uns hat wirklich gelernt, in den spiegel hineinzusehen, den anblick zu ertragen. deshalb lassen wir uns von dem äußeren geschehen blenden, als habe es gar nichts mit uns zu tun.

eine hexe muß den blick in ihren spiegel ertragen können. wenn sie ihren weg eine weile gegangen ist, lernt sie, das, was sie sieht, auch zu deuten. es ist ein ganzes system von spiegeln, das sich jede aufgebaut hat. alle erlebnisse, erfahrungen und begegnungen bilden zusammen ein verwirrspiel, mit dem wir uns täuschen können. so getäuscht, sehen wir uns dem einfluß der geschehnisse völlig ausgeliefert.

habe ich nicht die bereitschaft, offen hinzusehen, spiele ich das verwirrspiel weiter. ich lasse spiegel sich in spiegeln spiegeln und das, was mich auf mich selber weisen soll, geht mir darin verloren. wenn ich weiß ‚außen ist innen', heißt das noch lange nicht, daß ich alles deuten kann, was ich erlebe, nur: ich kann die fragen anders stellen.

wenn ich andere nicht ertragen kann, gibt es in mir einen grund dafür, einen teil in mir, der sich spiegelt. vielleicht kann ich diesen teil dann nicht ertragen, wenn mir etwas bedrohlich erscheint, also muß ich mich fragen: was daran bedroht mich und warum?

fühle ich mich von anderen eingeengt, muß ich fragen: was ist an enge in mir? es gibt unendlich viele solcher fragen.

einige spiegel haben eine bildersprache, damit ich das, was sie sagen, leichter verstehen kann. es sind solche hilfsmittel wie die astrologie, die tarotkarten oder das orakel. sie sind mir schlüssel zu meinem verschlossenen inneren.

ich kann diese dinge in einem verwirrenden spiel als wegweiser benutzen. sie helfen mir, die wesentlichen zeichen dieser zeit zu erfassen und zeigen mir, welche position ich darin einnehme.

wichtig dabei ist, daß ich weiß: all dies sind hilfsmittel. ich muß lernen, sie anzuwenden, wenn sie mir etwas sagen sollen.

ich muß ihnen eine große offenheit entgegenbringen. keine orakel und keine karten beantworten mir fragen, deren antwort ich mir im grunde verweigere, weil ich sie nicht wahrhaben will. es ist nie eine andere als ich selbst, die die antwort weiß. alle hilfsmittel dienen nur dazu, die verbindung zu meiner tiefe so aufzunehmen, daß sie antwortet.

eine andere besondere sprache, die ich erst langsam erlernen muß, ist die deutung von zeichen. zeichen sind ein schwieriges kapitel meiner hexerei. sie sind die worte aus dem lande jenseits, in dem alles möglich ist. schritt für schritt muß ich die ansicht meiner wirklichkeiten vergrößern, wenn ich sie sehen und erkennen will.

dafür muß ich schon eine gewisse freiheit über meine gedanken, ebenso wie über meine wahrnehmung erreicht haben. wenn ich nicht wachsam bin und einrechne, daß da eine fremde sprache ist, dann werden sich mir die zeichen nicht als zeichen, sondern als belanglose erlebnisse zeigen.

ich muß empfangsbereit sein.

manchmal sind diese zeichen einfach zu erkennen, sind sie verlängerte arme meiner intuitiven wahrnehmung.

zum beispiel: ich habe abends ein ungutes gefühl, noch wegzufahren. dann kann folgendes passieren:

ich nehme mein gefühl nicht besonders wichtig und gehe aus dem haus. kaum bin ich vor der tür, ruft die eule ihren besonderen schrei, der nur eine warnung sein kann. trotzdem steige ich ins auto, mir meines gefühls inzwischen sehr klar. eine kurze strecke muß ich an einem waldrand entlang fahren. ich kenne diese stelle sehr gut, sie erscheint mir je nach meiner stimmung anders: vertraut oder beängstigend. ich weiß, daß hier die zeichen warten. und tatsächlich, ein hase läuft mir so knapp vors auto, daß ich ihn nur um haaresbreite verfehle. diese zeichen tun ihre wirkung. oft weiß ich schon, daß das nächste reh nicht weit ist und fahre langsam. ein paar augenblicke später sehe ich rehe am straßenrand. ich bin gewarnt gewesen. und ich weiß, daß ich den ganzen abend besonders vorsichtig fahren muß. manchmal sind die zeichen heftiger, z. b. wenn ich zu viel arbeite, dies zwar merke, aber nicht rechtzeitig auf mein gefühl höre, und mich dann verletze, so daß ich nicht weiterarbeiten kann.

dann erhalte ich die ruhe, die ich mir auch so hätte gönnen sollen. von diesen zeichen ist jeder tag voll. sie sind sehr leicht zu erkennen, wenn ich aufmerksam bin.

es gibt viele andere zeichen, die mich auf einer ebene erreichen, die ich nicht sofort in meine gedanken und handlungswelt übersetzen kann.

die sprache der zeichen ist so reich wie die erde an lebendigem. ich nehme an, daß jede von uns, wenn es um zeichen geht, ihre besonderen elemente findet, und daß die art der zeichen davon abhängt, in welcher umgebung sie sich befindet. jede wird erleben, daß es sich wiederholende zeichen gibt oder symbole, die diese zeichen tragen. die zeichen, die auf mich wirken, finde ich am ehesten in der natur. nachdem ich mich über längere zeit sehr vertraut gemacht habe mit der umgebung, in der ich lebe, äußern sich die wesen, die dort leben, auch mir gegenüber. in meiner zeichensprache tauchen oft vögel auf.

krähen, die mich warnen wollen oder die sich gerade über meine gedanken lächerlich machen. sie haben verschiedenes zu sagen. oder bussarde, die, in großer höhe, ihr besonderes rufen haben, etwas markerschütterndes, das in mir so etwas wie eine dringend notwendige erinnerung wachruft. sie können auch unvermutet dicht vor mir auf dem ast einer eiche sitzen, mich ansehen, als hätten sie gewartet. bussarde sind gefährlich für mich. sie drohen mir in dem sinne, daß sie mich wachhalten und erinnern.

mit den reihern pflege ich eine besondere bekanntschaft. erst nach einiger zeit merkte ich, daß es mich verstärkt an die orte zog, an denen sie auch waren. oder umgekehrt: an bestimmten orten, zu bestimmten inneren stimmungen begegne ich reihern. einzeln oder zu vielen. reiher treffen in mir ein besonderes gefühl von vertrauen oder sie lösen es aus. es ist ebenfalls einer erinnerung ähnlich, wie etwa endlich wieder zu wissen, daß ich auf dem richtigen weg bin. ich verstehe sie auf einer ebene, die ich mit worten kaum erklären kann.

das zeichen allerdings, das mir in den letzten jahren am

vertrautesten geworden ist, ist die mondin. das geht so weit, das ich sehr oft das gefühl habe, mich wirklich mit ihr zu verständigen. inzwischen weiß ich für unsere gegend sehr genau, wann sie kommt, wie sie aussieht und welchen weg sie über den himmel nimmt.

ich kann die male nicht zählen, in denen ich sie von ganzem herzen vermißt habe. ich stand dann wie ein ungläubiges kind auf den feldern und sah ununterbrochen in die richtigung, in der ich sie hinter den wolken vermutete. plötzlich rissen diese wolken wie von zauberhand bewegt auf und die mondin trat leuchtend heraus. ein paar sekunden nur leuchtete sie in meine seele. dann verschwand sie wieder hinter finsteren wolken. ich aber konnte glücklich nach hause laufen, mehr hatte ich nicht gewollt.

ich erinnere mich an ein erlebnis mit ihr, das mich in einen zustand versetzte, aus dem ich nur schwer in diese wirklichkeit zurückkommen wollte.

es war weihnachten. ich hatte einen schrecklichen tag hinter mir. ich hatte mich ganz fürchterlich mit einer freundin gestritten. ich wußte, daß der tag eigentlich nicht mehr zu retten war. es war zwei tage nach neumondin. ich überlegte, daß die neumondin eigentlich zu sehen sein müßte. ich ahnte, daß die chance nicht groß war, weil es schon abend war und ich wußte, sie nahm zu dieser zeit ihren flachsten weg über den horizont. ich ging nach westen hinaus auf die felder. mein geheimer wunsch, sie noch einmal an diesem abend zu sehen, war sehr groß. ich wollte mich ein bisschen trösten lassen. eine weile stand ich da und betrachtete das abendrot. die mondin war nicht zu sehen. dann ertappte ich mich dabei, wie ich stück für stück den himmel absuchte. ich wollte sie unbedingt finden. sie konnte nur eine feine, leicht zu übersehende sichel sein. ich fand sie nicht. schließlich gab ich auf und ging ein paar schritte weiter auf das feld hinaus. von osten kam ein einzelner reiher angeflogen. er sah wunderschön aus, hob sich schwarz ab vor diesem roten winterlichen abendhimmel. irgendwie wußte ich, daß er mich trösten sollte und folgte seinem flug mit meinen augen.

plötzlich schnitt er in seinem flug die mondsichel. ich war fassungslos. da stand sie, so zart im tiefsten abendrot, daß sie nur mit etwas augenzwinkern zu erkennen war.

der reiher drehte um und flog dahin zurück, wo er hergekommen war. ich stand lange da, ohne mich zu bewegen. mehr konnte ich an diesem abend nicht geschenkt bekommen.

eine zeitlang hatte ich verbindung zu einem völlig anderen zeichen. es war ein bestimmtes lied, das mir immer in besonderen momenten einfiel. ich wußte bereits, fällt mir dieses lied ein, bin ich auf bestem wege zu mir selbst. es gab auch grund genug, meiner inneren stimme zu vertrauen.

die zeichen, die ich in meine welt rufe, sind wegweiser und hilfen. sie gehören zu meinem großen netz an informationen, das mich täglich erreicht. erst nach langer zeit genauer beobachtung werde ich mehr davon so verstehen, daß ich es in gedanken und handlungen umsetzen kann.

ich kenne zeiten, da läßt meine konzentration nach. ich werde faul mit meiner aufmerksamkeit und beginne wieder, mehr äußeres anstatt mich selbst zur verantwortung zu ziehen.

dann kann es sein, daß ich mich in dem bemühen, wieder wegweiser zu finden, in meiner hilflosigkeit völlig in der zeichensprache verheddere. ich bin dann ungeübt der macht einer sprache ausgesetzt, die mich nur noch mehr verwirrt. in einem solchen falle muß ich die augen schließen, das wirrwarr der zeichen übersehen und erst wieder den langen weg antreten, der zu meinen hexischen grundsätzen führt.

andererseits kann es auch sein, daß gerade in solchen zeiten bestimmte zeichen so laut und deutlich werden, daß ich sie nicht mehr übersehen kann. das sind meistens zeichen, die schlimmstenfalls mit einer krankheit enden: sie zwingt mich auf den weg nach innen.

ein ganzes buch voller zeichen sind meine träume. es gibt zeiten, da habe ich das gefühl, daß es ausreicht, wenn ich träume, um zu verarbeiten. ich bedenke, was ich geträumt habe, aber ich merke es mir nicht. andere träume schreibe ich gewissenhaft auf, weil ich weiß, daß mir meine träume antworten geben. die meisten träume muß ich, um sie zu verstehen, erzählen. andere sehen anders, können anders assoziieren und erfassen zusammenhänge, die ich nicht erkennen kann, weil ich zu befangen bin.

zeichen sind auf meinem weg wie verbündete, die mir weiterhelfen.

eine weitere regel, die für mich eine große bedeutung bekommen hat, ist die regel der rituale. sie festigt meinen weg. rituale sind auch so etwas wie kleine versicherungen auf meinem hexischen weg. sie helfen mir, das ziel nicht aus den augen zu verlieren, manchmal schützen sie mich vor abwegen.

ihre kennzeichen sind regelmäßigkeit und wiederholung. ich glaube, daß jede frau rituale hat, die ihr nicht immer als solche klar sind. ein heißes bad kann schon so ein ritual sein, für andere ist es vielleicht eine tasse besonderen tees bei kerzenlicht.

rituale haben den sinn, eine verbindung zu meiner inneren tiefe herzustellen, einen direkten draht zu erschließen, der mir kraft, ruhe und die fähigkeit gibt, sie zu bewahren, sie bezwecken eine innere sammlung, die mich herauslösen soll aus dem verwirrspiel der ereignisse. sie umkleiden eine magische handlung wie ein besonderes kostüm zu diesem anlaß, das die feierliche stimmung auf meine seele übertragen soll.

rituale sind wie ein prozeß der reinigung, weil sie die seele frei dafür machen, die reise nach innen anzutreten.

wenn ich verbindung mit meiner mitte aufnehme, nehme ich immer auch verbindung auf zur energie des universums, zur ewigkeit, zum göttlichen prinzip. daher wundert es mich nicht, daß in allen religionen rituale eingesetzt werden, um eine magische stimmung zu erzeugen. eine kraftstimmung, die es ermöglicht, energie zugänglich zu machen bzw. sie möglicherweise gemeinsam in eine gewählte richtung zu lenken.

um das erreichen dieser energie des universums geht es in allen religiösen ritualen, in allen angeblich heidnischen bräuchen ebenso wie in den christlichen gottesdiensten, in tänzen, in der regel der feiertage, in einsamen gebeten, in meditationen, im yoga. die wahl der mittel ist unterschiedlich und wohl unbegrenzt.

es gibt rituale, deren innere bedeutung längst verlorengegangen ist. sie wirken nicht mehr. sie sind als leere gesten zurückgeblieben. viele gottesdienste mögen so sein, die meisten feiertage und viele zwischenmenschliche gesten. sie sind im gebrauch müde geworden. die zeit hat sich verändert, ohne die bedeutung der rituale mitzunehmen, sie anzugleichen. daher rühren sie nicht mehr an den inneren kern. lange zeit lehnte ich alle rituale ab, die mir begegneten. sie gehörten mit zu einer riesengroßen beschränkung, der ich mich ausgesetzt fühlte.

später entdeckte ich, daß ich längst eigene rituale entwickelt hatte. sie begleiten mich jeden tag.

rituale müssen sich entsprechend der zeit und der personen entwickeln, die sich ihrer bedienen.

damit sie wirken, müssen sie einen verständlichen bezug zum täglichen leben haben. ich denke, darin können wir einiges von den kelten lernen. sie waren in ihrer religion so flexibel, daß die rituale nach den jeweiligen gegenden und gegebenheiten verändert und angeglichen wurden.

es ist an der zeit, manche von den alten ritualen auszugraben und diese sowie das ihnen eigene bewußtsein in unsere zeit hinüberzuretten.

für mich gehören dazu auch die alten festtage, die mehr meinem inneren bedürfnis nach besinnung entsprechen. sie sagen mir etwas. so beginnt für mich das neue jahr noch immer zum hexenneujahr, zum ersten november. es ist jährlicher meilenstein auf meinem hexischen weg.

tatsächlich kann ich feststellen, daß sich alle veränderungen und umwälzungen vor dieser zeit anbahnen. vor diesem zeitpunkt werden erinnerungen an erlebtes und an wiederholungen groß. zum winter hin entwickeln sich dann langsam die neuen lebenstatsachen. mit dem, was um das hexenneujahr herum beginnt, damit bin ich den winter über beschäftigt.

es ist allerdings kein neujahr, das ich laut und heftig feiern könnte. es ist leise und heimlich. seine farben sind schwarz. wenn ich nicht wirklich gut mit anderen zusammen feiern kann, feiere ich es lieber alleine. besinnlich, mit kerzenschein und vorzugsweise mit tarot-karten. ganz anders ist es schon zur wintersonnenwende. zu ihr gehören — so tief im winter — noch immer dunkelblaue oder schwarze farben. für mich es es ein ruhiges fest, aber voller licht. ich würde es nicht allein feiern, wenn ich nicht muß.

das ritual, auf das ich nun zurückkommen möchte, nenne ich trotz aller religiösen vorbelastungen morgenandacht und abendandacht.

was dahinter steht, ist mein wissen als hexe, daß es für meine kraftschöpfung und krafterhaltung notwendig ist, mich zu sammeln und das wesentliche eines tages vom unwesentlichen zu trennen.

morgens muß ich dazu unbedingt nach draußen gehen. am liebsten zur zeit des sonnenaufgangs oder zur zeit der dämmerung. diese zeiten haben die meiste kraft. ich halte meine gedanken eine weile an und beobachte nur, was ich sehe: wolken, vögel, bäume, das wetter. ich versuche, mich in den tag hineinzufühlen, mit meinem gefühl den charakter dieses tages zu erfassen. wenn ich das wesentliche eines tages innerlich sehe, habe ich eher die chance, ihm gerecht zu werden, nicht dagegen anzuleben. das gelingt mir nicht immer. aber grundsätzlich ist es so, daß ich an den tagen, an denen ich den tag wirklich spüre, schwierigkeiten viel leichter begegnen kann. was wichtig ist: ich muß dieses ritual gleich nach dem aufstehen ausführen, möglichst noch, bevor ich einer anderen frau begegne, damit ich in der intensiveren art des wahrnehmens bleibe, die der schlaf in sich trägt.

abends ist das ritual mehr eine konzentration. wieder will ich das wesentliche des tages erfassen und lasse alles, woran ich mich erinnere, an mir vorbeiziehen. manchmal wünsche ich mir auch etwas für den nächsten tag.

wenn ich diese rituale eine zeit regelmäßig wahrnehme, habe ich wirklich den überblick darüber, was mit mir geschieht.

ein anderes ritual sind freundschaften mit plätzen, die mir kraft geben. für jede gibt es orte, die kraft geben und orte, die kraft entziehen. riesige energielöcher. manche gelten nur für die jeweilige person, manche gelten für viele. als hexe ist es wichtig, demgegenüber nicht gleichgültig zu sein, sondern zu erspüren, welches meine orte der kraft sind und welche orte ich meiden sollte. kenne ich mich und meine energetischen wechselwirkungen ein bißchen, dann entwickele ich das gespür dafür, wo energie zu holen ist und wo ich sie verliere. kraftraubende orte erkenne ich an ihrer bedrohlichkeit und unerklärlichen ängsten. manchmal sind es stimmungswechsel, die in meine gedanken eingreifen.

so ein ort war ein nachbarhof ganz in unserer nähe. mich gruselte es bereits, als ich ihn zum ersten mal erblickte. ich wußte keinen grund dafür. später zogen dort, mit anderen, freundinnen von uns ein. ich konnte nie verstehen, daß sie nicht das gleiche ungute gefühl zu diesem ort hatten. da es mich nichts anging. schwieg ich dazu. allerdings, immer wenn ich sie besuchte, fühlte ich mich dort unwohl, hin- und rückweg, insbesondere im dunkeln, verursachten eine angst in mir, die ich eigentlich nicht kannte. im laufe der zeit geschahen merkwürdige zermürbende dinge zwischen den leuten in diesem haus. es endete damit, daß das haus eines tages abbrannte. ich konnte den anblick der verkohlten ruine kaum ertragen. sie entsprach zu sehr meinem gefühl zu diesem ort.

rituale verbinde ich mit meinen orten der kraft.

dies sind, da ich auf dem land lebe, etwa besondere steine, besondere bäume oder einfach orte, die mir ein gutes gefühl geben.

diese plätze ändern sich mit mir, mit der zeit und mit dem wechsel der jahreszeiten. manche finde ich nach langer zeit wieder, manche entdecke ich als meine orte erst, nachdem ich sie schon jahre vom vorbeigehen kenne.

einer dieser orte ist für mich eine alte alleinstehende eiche. sie strahlt alter, weisheit und eine gelassenheit aus, die sie nur in den langen jahren ihres wachstums erreichen konnte, in denen sie an diesem platz, einer wegkreuzung, steht. ihre weisheit muß sie aus der veränderung der erde unter ihr und des himmels über ihr haben.

ich lehne oft an dieser eiche, im sommer und auch im herbst, wenn ich eigentlich nicht lange sitzen kann, ohne zu frieren. ich merke das frieren nicht. wenn ich zur richtigen zeit hingegangen bin, versinkt die welt für eine nicht meßbare zeit. die heftigkeit meiner alltagsgedanken wandert fort und es wird platz für eine große ruhe. ich habe die eiche schon oft fragen können, wenn ich nicht mehr weiter wußte. war ich in der lage, eindeutig zu sein, waren auch ihre antworten eindeutig. war ich zu verworren, schwieg sie und zwang mich so, wirklich in ruhe in mich zu gehen.

es ist ein wichtiger teil meines alltags, herausgefunden zu haben, wann ich zu dieser eiche gehen muß, wann ich dort verweilen muß oder wann ich sie nur im vorbeigehen ehrfürchtig grüße. ich kann sie bitten, meine vorhaben zu unterstützen. sie ist eine wichtige freundin geworden.

rituale sind praktische hilfsmittel für meinen alltag.

sie erinnern mich, sie holen mich zurück, wenn ich fern von mir bin, sie schützen mich, sie ermöglichen mir die innere sammlung, die ich regelmäßig brauche.

wichtig ist dabei, daß ich mir meine rituale selbst wähle. wenn sie mein inneres anstoßen sollen, müssen sie mir entsprechen.

in der regelmäßigkeit von ritualen liegt der sinn einer inneren ordnung, mit der ich mich zu meinem weg und der äußeren zeit in bezug setze. zum tag und zur nacht, zum lauf der mondin, zum wechsel der jahreszeiten, zum rhythmus meines körpers.

rituale sind wichtige stationen der besinnung. mit ihrer hilfe kann ich leichter auf die bewegungen in meinem leben achten.

alle diese regeln haben den einen zweck: kraft in mein leben zu bringen, meine innere macht zu stärken.

sie fördern eine innere haltung, die mir das hexen erst ermöglicht: eine einflußnahme auf mein leben und das, was mich umgibt. mit der zeit merke ich, was es für ein unterschied ist, ob meine handlungen kraft haben oder nicht.

habe ich wenig kraft, geschehen die dinge anscheinend ohne mein zutun. ich merke, daß meine handlungen nicht ihr ziel erreichen. ich muß mich häufig unvorbereitet zur wehr setzen oder gegen eine lähmende innere stimmung wehren. ich stoße ständig auf schwierigkeiten, mit denen ich nicht gerechnet habe, mache viele fehler, habe „pech“, ich kann wenig einfluß nehmen auf das, was geschieht. wenn ich genau hinhorche, werde ich hören, daß ich nicht wirklich überzeugt bin von dem, was ich tue, ich werde widersprüche finden und abwehr oder ich zweifele an meinen fähigkeiten für eine sache. haben meine handlungen kraft, habe ich diese innere überzeugung. ich finde begeisterung in dem, was ich tue. selbst unfähigkeiten und fehler sind kein grund, mich aus der bahn zu werfen. manchmal geschehen die dinge so sehr gemäß meinem willen, daß ich selbst verblüfft bin.

ich merke bei dem, was ich tue, eine innere kraft, der nicht so leicht etwas entgegenzusetzen ist.

der grundsatz jeder hexerei ist die idee, daß es keine festgelegte wirklichkeit gibt, sondern, daß die wirklichkeit so ist, wie jede sie wahrnimmt, wirklich-nimmt. jede kann nur mit ihren augen sehen, nur mit ihrer seele fühlen. jede bringt andere voraussetzungen mit und andere erfahrungen.

was geschieht und auf mich einwirkt, ist immer eine wechselbeziehung zwischen mir und dem, was mich umgibt.

als hexe will ich lernen, diese wechselwirkungen zu erkennen und einen wesentlichen teil davon bewußt zu steuern.

alles, was ich lerne, zielt darauf ab, mir bewußt zu machen, was ist. nur so kann ich wissen, wo ich mich befinde und wie ich am besten weitergehe.

als hexe betrachte ich das leben als eine wanderung in einer gefährlichen, aber faszinierenden wildnis. um mich darin zurechtzufinden, um den einflüssen dieser wildnis nicht wehrlos ausgeliefert zu sein, brauche ich sehr viel wissen über diese wildnis. ich muß die gefahr einschätzen können und es trotzdem wagen, weiterzugehen. ich brauche waffen — innere und äußere — , damit ich mich wehren kann. vor allem aber muß ich mir eine eigene landkarte herstellen, aufzeichnungen darüber machen, was ich sehe, um zu bestimmen, was mein nächstes ziel sein soll. mein bestreben ist, in dieser wildnis auf die beste nur mögliche art zu überleben.

ich bin erst am anfang der hexerei. dies ist meine lehrzeit.

ich kenne viele frauen, deren hexenkraft ganz anders aussieht als meine. sie können beispielsweise viel eher vorhersagen über das wetter treffen; sie wissen vorab, was geschehen wird; sie träumen, was sich später als wirklich herausstellt; sie haben heilkräfte, ohne sie erlernt zu haben; sie stehen in enger verbindung zu fremden wesen.

jede hexe hat ihre ureigenen fähigkeiten, ihre besondere hexenkraft, die zutage tritt, wenn sie bereit ist, sie zu suchen, ich halte es für wichtig, all diese kräfte wirklich zu beachten und so in die hand zu nehmen, daß sie nicht der hexe selbst gefährlich werden, weil sie sie unterschätzt.

ich kenne manche von diesen kräften, wenngleich meine derzeit größte hexenkraft sich noch immer auf das bezieht, was ich täglich tue, auf meine vorhaben und meine ziele. darauf, daß ich tatsachen erschaffe, ohne viel zu fragen. es kommt mir vor, als hätte ich für unbestimmte zeit die aufgabe zu üben, um mich zu stärken. meine übung ist, das, was ich vorhabe, mittels meiner hexenkraft so zu gestalten, daß es möglich wird.

ich kann nur mächtig werden, wenn ich mir möglichkeiten zum wachsen schaffe. ich kann nur wachsen, wenn ich lebendig bin. ich wachse an jeder neuen aufgabe und herausforderung, besonders, wenn sie schwierig erscheint und angstbesetzt.

die dahinterstehende vision ist, daß ich fieberhaft auf meinem kleinen platz arbeite: in einem spinnennetz von hexen, von frauen, die an ihrer macht spinnen. die wirklichkeit der geschichte wird sich nur dann ändern, wenn jede einzelne die wirklichkeit, die sie umgibt, ändern kann.

ich könnte von meiner praktischen hexerei erzählen. ich will es aber nicht tun, weil es meinem hexischen grundsatz der vorsicht widerspricht. meine hexereien sind nicht als solche zu erkennen. sie sollen es auch nicht sein. sie lösen erstaunen und verwunderung aus. das genügt.

der weg zur hexe ist kein bequemer.

er erfordert viele fragen und noch mehr aufmerksamkeit.

als hexe kann ich es mir nicht leisten, mich allzu oft zu zerstreuen (welches bild hinter diesem wort!).

ich muß mich sammeln. ich darf mich nicht von mir ablenken.

die nähe zu mir selbst ist die garantie dafür, daß ich dazulerne. dafür brauche ich etwas, was mit dem häßlichen wort disziplin umschrieben wird. ich will dafür ein wort aus dem chinesischen buch der wandlungen entleihen: beharrlichkeit.

beharrlichkeit ist etwas selbständiges. ihr geht ein innerer entschluß voraus und sie braucht den glauben an ein lohnenswertes ziel. sie bedeutet eine gewisse strenge mit mir, die mir aber noch den raum zum atmen läßt.

was ich zu streng betreibe, hindert mich. jede zu große ernsthaftigkeit muß lächerlich werden, und das ist auch gut so. manchmal rettet mich in allzu feierlichen situationen nur meine höflichkeit davor, in schallendes gelächter auszubrechen.

ich will nie mein lachen verlieren, meine fähigkeit, mich und andere ganz fürchterlich ins lächerliche zu ziehen.

wenn ich nicht mehr über mich selbst lachen kann, bin ich verloren. ich erinnere mich an eine lustige begebenheit.

wir feierten ein hexenfest. viele frauen waren eingeladen zu feierlich magischer stimmung. gegen abend, kurz vor dem dunkelwerden, gingen wir gemeinsam auf das feld hinaus. wir wollten einen energiekreis abhalten. jede frau konnte darin sagen, was sie sich für die nächste zeit wünschte. ich fand die stimmung merkwürdig. der energiekreis war nicht so recht geschlossen. vielleicht waren die frauen einander zu fremd. manche fühlte sicher dasselbe, aber keine von uns wagte, die feierliche stimmung zu unterbrechen. als es dunkel war, gingen wir alle, ohne viel zu reden, zum haus zurück.

neben dem haus ist eine wiese, auf dem wir schafe haben. als die ersten frauen ungefähr auf höhe dieser wiese waren, begann dort gerade ein regelrechter geistertanz, weiß und grün leuchtende gestalten sprangen auf der wiese auf und ab.

keine von uns wußte, was das bedeuten sollte. ich traute meinen augen kaum. einige frauen gingen, ohne dieses spektakel zu beachten, zum haus weiter. ich hatte den eindruck, sie waren verärgert. ein paar andere nahmen den scherz als spiel wahr. sie tobten, restlos unfeierlich, auf die wiese und wollten die geister fangen. es artete in eine lustige balgerei aus. in der dunkelheit waren nur die beleuchteten geister zu sehen und nicht die anderen balgenden frauen. schließlich entlarvt, stellten sich die beiden geister als zwei frauen heraus, die uns mit unserem magischen gehabe auf die schippe nehmen wollten. für mich war diese szene das beste am ganzen hexenfest.

ich glaube, daß es uns mit unserer ernsthaften erziehung schwer fällt, über uns selbst zu lachen, ohne uns abzuwerten, bzw. zuzusehen, wie andere über uns lachen, ohne wütend zu werden.

wir haben das allenfalls in akzeptable formen gebracht: narren, clowns und witze, die meistens schlimm sind. diese form ist von uns selbst aber fern.

lachen lernen gehört ebenso zum hexen wie genau hinsehen, beharrlich sein und sich von der eigenen strenge doch nicht fangen lassen. all dies braucht einen starken willen. und der braucht ein leuchtendes ziel.

dieses ziel ist nicht etwas, was sich in bestimmter zeit auf einem bestimmten weg erreichen läßt. es ist lebendig. es bewegt sich. was da leuchtet, ist ein traum, oder besser: eine vision.

sie kann viele namen haben.

jede frau besitzt durch die erfahrungen all ihrer leben ihre eigene vision.

sie zu finden, ist für manche ein langer weg, für manche eine plötzliche entdeckung.

sie zurückzurufen, wenn sie in schwierigen zeiten im nebel zu verschwinden droht, ist manchmal schwer.

die vision ist das, was mir die kraft gibt, voranzugehen, nicht stehenzubleiben.

„dein leben ist ein weg. bewußt oder unwissentlich bist du auf der suche nach einer vision. es ist gut, eine vision, einen traum zu haben“.

agnes whistling elk.

eine vision hält mich auf meinem weg. oder sie bringt mich zu ihm zurück. sie rüttelt mich wach. sie läßt mich nicht los. es ist schwer, sie jemals wieder zu vergessen.

denn sie vergeht nicht. eine scheinbare vision, die zusammenbricht, das kann keine wirkliche vision gewesen sein. es waren träume ohne kraft, luftschlösser, ansprüche meiner selbst und anderer, die lehren falscher götter und kritiklos übernommene, nicht in mein leben und handeln umgesetzte wahrheiten.

sie lenken mich für eine zeit, in der ich eingeschränkt wahrnehme, weil ich etwas angenommen habe, was nicht unbedingt meines war. wenn sich dann eines tages meine wahrnehmung ändert, gerät das bild, das ich mir von mir und der welt gemacht habe, ins wanken oder es fällt zusammen wie ein kartenhaus. ich bin dann gefährdet, mich in meiner hilflosigkeit mit einem neuen traum retten zu wollen oder mich mit neuen weisheiten und regeln anzufüllen, die mich wieder auf die falsche fährte bringen. es gibt keine antworten und regeln außer denen, die ich selbst mir geben kann.

eine ehrliche vision, wenn ich sie manchmal gefunden habe, bleibt. sie ist wie ein ruf aus den tiefen meiner seele. wenn sie den weg einmal an die oberfläche geschafft hat, schafft sie ihn immer wieder. visionen bedeuten veränderung. sie geben mir kraft, aber sie fordern von mir, daß ich mich bewege, daß ich mich auf sie zu bewege. meine vision ist die einer rückkehr an einen inneren ort, an dem ich wirklich zu hause bin. dort sehe ich mich bestimmte handlungen vollziehen und unter anderen frauen eine aufgabe erfüllen.

lange war meine vision nur ein gefühl, das ich in mir trug. es begann mit dem ersten großen schritt, mit dem ich beschloß, mein leben in meine hand zu nehmen. es ging weiter mit der ahnung, daß ich den umsturz all meiner festlegungen, vorstellungen, gewohnheiten, wahrnehmungen hinnehmen mußte ohne die gewißheit, ob das jemals enden würde. später fand ich bilder in mir und worte, die mich meine vision sehen ließen. sie wird sich verändern an jedem neuen tor, das ich mir öffne.

es gibt keine rezepte, visionen zu finden. es gibt auch keine ratschläge, wie und wo sie am ehesten wahrzunehmen sind, meine erfahrung (und ich denke, es wird die anderer frauen auch sein) ist ein erwachen mit einer plötzlichen, einschneidenden inneren oder äußeren veränderung des lebens. es ist, als würden wir neben uns springen und dadurch befähigt, plötzlich aus einer anderen position zu sehen. vielleicht gibt es frauen, die ihre vision dadurch finden können, daß sie sich den grenzsituationen aussetzen, die sie am meisten ängstigen. jede frau ist anders. sie braucht geduld mit sich und das vertrauen, daß sie ihre vision finden kann, wenn sie will. sie muß sich nur davor hüten, falschen göttern zu lauschen, damit sie sich nicht mit einer vision trügt, die nicht die ihre ist.

jede vision beginnt dann an die oberfläche zu drängen, wenn ich beginne, die unzählig vielen tore zu öffnen, die zu meinem selbst führen; wenn ich beginne, eine verbindung herzustellen zwischen meinem bewußtsein und dem, was ich in meiner tiefe trage.

eine vision hat nur dann kraft, wenn sie klar ist. das heißt nicht, daß sie immer auch in bildern oder worten beschreibbar sein muß. sie muß im innern klar sein. sie muß gleich sein einem eindeutigen wissen, wohin es geht. meist allerdings äußerst sie sich in bildern.

wenn ich meine vision benennen kann, trägt das zu meiner klarheit über sie bei. ich kann sagen, wohin ich will. auf dem weg gibt es viele kleine schritte, deren ziele ebenso visionen sind. verschaffe ich mir klarheit über diese kleineren schritte, werden sie erreichbar.

unklare vorstellungen und träume sind schwer zu verwirklichen. sie haben keine kraft.

ich muß mir sicher sein in dem, was ich will.

meine vision, und sei sie auch noch so klein, muß eindeutig sein. es gibt die alte redeweise: man muß nur richtig wollen . . . sie hat recht, den sie meint genau dies: mein wille hat nur dann kraft, wenn er eindeutig ist. da beginnt macht.

ich will an dieser stelle auf etwas zurückkommen, was das hexen im kern ausmacht:

die hexe muß den umgang mit macht lernen.

die ersten schritte auf dem hexischen weg sind voller lebenfreude und energie. es ist die entdeckung über neue bedeutungen und möglichkeiten der eigenen person. eine ungeahnte weite tut sich auf, sie löst begeisterung aus. die weiteren schritte sind das bemühen, sich in diesem neuen land zurechtzufinden, die hexe muß regeln finden, die ihr dabei helfen. sie muß unendlich viel geduld beweisen, um trotz der vielen rückschläge und rückfälle in alte denkmuster und verhaltensweisen auf ihrem weg zu bleiben. auch der hexen-alltag stellt sich als mühselig heraus. gelingt es ihr aber einigermaßen, dies zu meistern, wird sie ihren zuwachs an kraft und macht spüren. ihre begeisterung wird wachsen. es wird viele augenblicke geben, in denen sie sich ihrer stärke freut. sie wird kleine hexereien ausprobieren und über ihre eigenen wirkungen erstaunen. sie wird erfahren, daß ihre macht mit ihrer fähigkeit wächst, sich kraft zugänglich zu machen. lange zeit wird sie den gedanken vermeiden können, welche große verantwortung sie mit dem wachsen dieser macht tatsächlich trägt. eines tages aber wird sie beginnen zu ahnen, daß ihre macht mehr ist als die vielen intuitiven arten der wahrnehmung und des handelns, das gekonnte erreichen kleinerer ziele.

das ist ein entscheidender kreuzungspunkt auf ihrem hexischen weg. die erinnerung an die verantwortung wird als belastung erscheinen. die ahnung, wie groß ihre macht tatsächlich sein kann, wird eine maßlose angst erzeugen. die größte angst wird sie vor der zerstörerischen seite ihrer macht haben.

solange sie dieser angst nicht ins auge sehen kann, wird sie anhalten auf ihrem weg. mit all ihren unbewußten mitteln wird sie darum kämpfen, daß da nichts weiterwächst, was sie überwältigen könnte.

ich will ein paar zeilen von barbara starrett stehlen. sie geben die schärfe dieses problems wieder:

das wissen um unsere dunklen
träumerischen verbrechen
beglaubigt unseren erwachenden
willen, gibt aufrichtigkeit
zu handeln:
wir alle sind fähig
zu allem

es erfordert einiges an mut, nicht nur die eine, die schöpferische seite der eigenen fähigkeiten zu sehen, sondern auch die andere, die gefährliche zerstörerische seite dieser macht. dieser anblick kann die hexe, riskiert sie ihn, in tiefste abgründe stürzen, wenn sie nicht darauf vorbereitet ist. was dahinter steht, ist noch immer die moral, daß nicht sein kann, was nicht sein darf. die zerstörerische seite der macht darf um keinen preis sein.

und es steckt noch etwas anderes dahinter: der felsenfeste, unerschütterliche innere glauben, daß macht, wenn sie groß wird, letztlich nur zerstörerisch wirken kann. diese wertung trägt, wie ich zumindest glaube, noch jede bis zu diesem punkt in sich.

sie ist mit ein grund für viele kämpfe zwischen frauen, die sich gegenseitig ihre macht zum vorwurf machen, so als dürfte es sie gar nicht geben zwischen frauen.

erst wenn es einer hexe möglich ist, diese wertung, diesen tiefen glauben zu verändern, kann sie sich an ihre macht herantrauen, kann sie sich in allen möglichkeiten ihrer macht annehmen. solange sie es nicht tut, muß sie sich selbst unterdrücken, letztlich aus der angst heraus, andernfalls verrückt zu werden.

wir machen es uns wirklich nicht leicht, diesen glauben zu verändern. wir brauchen nur die fadenscheinigen wertvorstellungen unserer gesellschaft zu betrachten, deren moral jede macht verurteilt und sie gleichsam doch und gerade in ihrer zerstörerischen seite von männern verherrlicht. neben diesen wertungen (oder vielleicht gerade aufgrund ihrer ambivalenz) haben wir unter frauen scheinbar andere urteile geschaffen, die aber ebensolche fallen sind.

unter frauen gelten werte, an denen nur schwer zu rütteln ist: „gut" ist, was venusenergie ist: liebend, zurückhaltend, sorgend, erhaltend, pflegend. die sich selbst und andere in liebe verzehrende seite wird vernachlässigt.

„schlecht" ist zum großen teil noch immer marsenergie: kämpferisches, zerstörerisches, alles, was überwältigend, voraneilend ist. solange an diesen wertvorstellungen festgehalten wird, solange haben die energien in uns keine chance, ein gleichgewicht zu bilden.

solange der wunsch nach venusenergie überwiegt, wird die andere seite klein gehalten, allenfalls dürfen sich ihre akzeptablen formen zeigen.

es ist dann kein wunder, daß diese andere seite die tendenz hat auszubrechen, um eines tages tatsächlich zerstörerisch zu wirken.

solange wir eine hälfte unterdrücken, haben wir berechtigte angst vor einem inneren ausbruch der macht. die meisten von uns sind gewohnt, auch diesen ausbruch zu unterdrücken. sie richten ihn gegen sich selbst — sie werden depressiv.

dabei ist zerstörung ja wirklich nur eine seite der macht. stehe ich als hexe an diesem kreuzungspunkt, an dem die frage nach macht in ungewohnter weise laut wird, muß ich mich an diese inneren urteile heranarbeiten. ich muß sie verändern.

ich will erzählen, wie es mir damit ging:

ich wußte schon als kind und jugendliche, daß ich eine gewisse macht besitze. damals hieß es nicht macht, sondern durchsetzungskraft. ich konnte mich gut durchsetzen. es fiel mir nicht schwer, zu bestimmen. meistens war mir gar nicht klar, wie etwas geschah. ich konnte also mit meinem willen auf den willen anderer einfluß nehmen. nicht immer, manchmal zu meinem erstaunen überhaupt nicht, aber immerhin doch so oft, daß ich mich daran gewöhnte. ich fand es „normal" und wäre nicht auf die idee gekommen, daß es bei anderen sehr viel anders sein könnte. trotzdem, oder vielleicht gerade deshalb, wurde ich zur einzelgängerin. in keiner gruppe fühlte ich mich wohl, immer hatte ich das gefühl, anders zu sein.

später bekam ich zu hören, ich sei in meinen beziehungen dominant. damit begann langsam der prozeß, mich in meiner macht abzuwerten. ich wollte sie nicht mehr haben. aber alle versuche, nicht so zu sein, mißlangen. völlig sinnlos kämpfte ich um eine gewisse mittelmäßigkeit. ich wollte diese macht, die mich von anderen unterschied, rückgängig machen. ich verurteilte sie. später, als ich während einer reise all meine mühsam gebauten lebenstürme umstieß und in den veränderungen, die darauf folgten, vergaß ich viel über meine macht. ich war zu sehr mit meinem neuen leben beschäftigt. ich hatte mich daran gewöhnt, sie unbewußt einzusetzen, wenn ich sie für meine konkreten ziele brauchte, manches gelang, anderes nicht. ich sah nicht genau hin. mir war nie klar, daß es meine macht auch dann gab, wenn ich sie nicht bewußt einsetzte: in meiner wirkung auf andere.

ich entschloß mich zu einem leben unter frauen. unbewußt trennte ich meine macht von diesem leben. sie sollte nur dann gelten, wenn ich sie in meinem vorhaben in der welt draußen benötigte.

meine beziehung zu dieser macht war sehr gespalten. einerseits wußte ich, daß sie wuchs, da ich sie in meiner entscheidung, den hexischen weg zu betreten, nährte. ich betrachtete aber nur ihr wachstum, nicht ihre wirkung. andererseits lehnte ich sie entschieden ab. um keinen preis wollte ich mir eingestehen, wie sehr meine macht auf andere wirkte oder daß ich womöglich in der lage war, ihren willen zu beeinflussen. es war das schrecklichste, was es für mich gab. ich wollte diese macht unter frauen nie einsetzen, weil ich sie zutiefst verurteilte. deshalb versuchte ich, sie vor mir und den anderen so gut es ging zu verbergen. nur: immer wieder erlebte ich, daß frauen mir meine macht zum vorwurf machten, daß dennoch machtkämpfe stattfanden. ich fand mich zwar darin immer wieder „unschuldig", weil ich doch ehrlich diese macht nicht besitzen wollte. gleichwohl fing ich an, diesen teil in mir abzulehnen, wurde ich mir selbst gegenüber zynisch, wenn ich wirkungen meiner macht sah. viele meiner schwierigkeiten und kämpfe mit frauen kann ich auf diese meine uneindeutigkeit zurückführen.

in einem gespräch mit einer gruppe entdeckte ich einzelne fäden, die von meinen äußeren handlungen in meine kindheit zurückführten und damit zu meinen inneren urteilen und verurteilungen. ich bewahrte diese fäden sorgfältig, weil sie mir hinweise gaben, die schließlich zu einem anderen denken führten.

irgendwann wußte ich, daß ich, was ist, nicht leugnen kann. das einzige, was ich mit meiner macht tun konnte, war: sie wahrzunehmen, sie anzunehmen und eine form für sie zu finden, in der sie so wirkt, wie ich es verantworten kann.

an diesem punkt war meine angst maßlos. ich wußte, daß ich nicht mehr zurück konnte und auch nicht zurück wollte. ich hatte die kreuzung überschritten, war längst bereit, weiterzugehn auch mit angst. vor einiger zeit beschloß ich, daß der für mich einzig gangbare weg, diese angst vor meiner macht abzubauen, sein würde, mich für eine weile innerlich und äußerlich zurückzuziehen.

das hin und her zwischen meinen ängsten, meinen entscheidungen und meiner bereitwilligkeit, anders zu denken, erzeugte in mir solche spannungen, daß ich nahe daran war, aus allen fugen zu geraten. ich wußte, daß ich etwas tun mußte, was mich sehr viel überwindung kostete. ich mußte einen äußerlichen schritt auf eine andere art tun, mich ihren energien stellen, um so aus meinem teufelskreis herauszukommen. ich bat eine freundin, sie besuchen zu können. unsere beziehung war eine sehr alte, seelenverwandte, deren vertrauen in der letzten zeit unter unverständnis und ängsten sehr gelitten hatte. ich konnte nur auf sie zugehen, weil ich in manchen dingen eine enge verwandtschaft zu ihr fühlte. ohne es begründen zu können wußte ich, daß mir der besuch klarheit bringen würde.

an einem der eiskalten, klaren winternächte, saßen wir schließlich zusammen in ihrem kleinen, warmen bauwagen. es war das erstemal, daß ich sie dort besuchte. sie spürte und wußte sofort, daß es um etwas wesentliches ging. lange unterhielten wir uns über die gründe für unsere gemeinsamen und getrennten wege, über die schwierigkeit, die starrheit der eigenen träume aufzubrechen und veränderungen zuzulassen. als wir über meine macht sprachen, sagte sie etwas, was ich auf meinen weg mitnahm:

wir hätten es vielleicht leichter gehabt, wenn du mit deiner macht eindeutiger gewesen wärest. solange du nicht eindeutig bist, begegnen dir immer wieder menschen, die untergründig diese macht doch wahrnehmen. du wirst zur erwachsenen und sie zu kindern. kinder denken, erwachsene haben die ganze macht über sie. sie müssen sich wehren, sie fangen an, gegen die macht zu kämpfen oder sie beugen sich ihr. wenn du klarer bist in deiner macht, werden dir die menschen anders begegnen, sie werden dir als erwachsene gegenübertreten. wenn du herausfinden willst, welche form für deine macht am sinnvollsten ist, wofür du sie verwenden willst, dann mußt du zuallererst auch herausfinden, wo du keine macht hast. es gehört alles zusammen.

mit einer anderen inneren klarheit ging ich in den nächsten tag. noch lange war ich nicht fertig mit meinen inneren kämpfen, aber aus dieser klarheit wuchs das vertrauen daran, daß sich der weg vor meinen augen zeigen würde.

was ich hinter diesen erfahrungen sehe, ist, daß ich mir treu sein muß. nichts anderes hilft.

vor einigen jahren dachte ich noch unvoreingenommen und naiv: wenn frauen nur erst ihre macht entdecken, sie gemeinsam einsetzen, dann werden sie auch mächtig.

die zeit hat mich anderes gelehrt. über mich und über die gemeinsamen möglichkeiten von frauen. ungeduldig, wie ich bin, drohte ich schon einige male wütend zu werden vor tiefer resignation. viele frauen resignieren wirklich. sie stellen fest, daß zwischen frauen ja doch nicht alles ganz anders ist und schlagen gewohnte vertraute wege ein, die ihnen mehr sicherheit und mehr voraussehbarkeit versprechen.

ich weiß, daß all diese momente meiner drohenden resignation nur zeiten waren, in denen ich meine innere stimme verbannt hatte. sie lehrt mich anderes. sie lehrt mich, daß es frauen sein werden, die die notwendige veränderung in die welt bringen können. sie lehrt mich, daß das zeit braucht. von mir verlangt sie geduld und die fähigkeit, mich mit meinen visionen zu bewegen, wenn ich sie verwirklichen will. dazu gehören veränderungen, die mir und anderen weh tun, dazu gehören auch manche inneren tode und viele kämpfe. bin ich gelassen, weiß ich, daß das, was ich in meinen visionen sehe, möglicherweise etwas ist, das nicht in meinem leben wahr werden wird, sondern erst jahrhunderte später. das ist kein grund, es nicht doch jeden tag zu wollen.

ich halte die sache mit der macht für den kernpunkt dieser entwicklung. jede frau, die sich hexe nennt (möglicherweise auch jede andere), wird über kurz oder lang auf ihre macht stoßen, wenn sie dies zuläßt. das potential, das da an energie frei wird, haben wir bisher nur gelernt, entweder gegeneinander zu richten oder zu leugnen.

es geschieht noch sehr oft, daß wir diese energie vergeuden, indem wir uns im täglichen allerlei zermürben durch unverständnis und vor allem durch die unfähigkeit, die andere auf dem platz zu lassen, auf dem sie gerade ist.

das ist das erste und oberste gesetz, das ich als hexe annehmen muß, wenn ich etwas mit macht zu tun haben will:

ich muß andere lassen können, ohne sie zu bewerten. fällt mir das schwer, muß ich das weshalb ergründen und was mich an der andersartigkeit der anderen bedroht.

beachte ich das nicht, setze ich meine macht gegen andere ein oder ich beginne zu kämpfen, weil ich mich bedroht fühle.

ich sehe die erfahrungen der letzten jahre als mühsame, aber wichtige schritte auf dem weg von frauen, sich an ihre macht zu wagen. keine kann der anderen wirklich sagen, wo es lang geht. das macht die suche nach einem gemeinsamen weg so schwer. es wird weitere hindernisse geben. keine werden unüberwindlich sein.

was mich auf meinem hexischen weg bestätigt, ist — über alle zweifel und hindernisse hinweg — das gefühl, hinter all dem wirrwarr bei jeder frau diesen hexischen kern sehen zu können. ich sehe ihre leuchtkraft. ich sehe leben und lebendigkeit.

ich bin angekommen
die reise war verwirrend
vor meinen hexischen augen
drohte
das grelle leuchten
der sonne für eine zeitlang
grau zu werden

schon
tobte tag und nacht
die mondin
vor zorn
über eine hexe
die sich müde ließ

es war nur
sagte ich
aufgewacht, weil sie mit kalten sternen
nach mir griff
es war es schien
so aussichtslos

und zu gefährlich, flüsterte ich,
damit sie nicht hört
tochter
rief sie, daß der schnee schmolz von
ihrer stimme
tochter

du hattest gewählt
auf deinem weg gibt es keine
zweite wahl
also handele

Weitere Bücher von Inca Petra Künkel

190 Seiten, 10,2 x 14,5 cm,
kleines Taschenbuch,
9,- DM

206 Seiten, 14,5 x 21 cm,
Paperback, 15,- DM

Bücher im Verlag Gisela Meussling (Stand Herbst 1985)

Von Frankenberg, Gisela, „Kulturvergleichendes Lexikon — Von Abendland bis Zweisonnen-System“, 704 Seiten, 1600 Abb., 68,- DM.

Von Frankenberg, Gisela, „Grundelemente der Schicksalsbestimmung“, erster Band einer Nommologischen Semester-Reihe, 300 Abb., 24,80 DM.

Jannberg, Judith (Gerlinde Adia Schilcher), „Ich bin eine Hexe — Erfahrungen und Gedanken“, aufgeschrieben von Gisela Meussling, 155 Seiten, Paperback, 14,40 DM.

Kaster, Petra, „Marias Leben“, Comic, 120 Seiten, DIN A 4, Chromolux-Einband, 26,- DM.

Kaster, Petra, „Asphalt-Hexen“, Grafik-Band, DIN A 4, 48 Seiten, 8,40 DM.

Künkel, Inca Petra, „Bruchstücke einer Mondin, 190 Seiten, kleines Taschenbuch, 9,— DM.

Künkel, Inca Petra, „Auf der Reise nach Avalun“, 206 Seiten, Paperback, 15,— DM.

Künkel, Inca Petra, „Auch du bist eine Hexe — Du lebst, du wächst, du handelst“, 148 Seiten, Paperback, 12,80 DM.

Meussling, Gisela, „dornröschen ist glatt abgehau'n“, Straßenreime, 191 Seiten, Paperback, 9,80 DM.

Meussling, Gisela, „Sing, Frau, sing . . .“, Liedertexte mit Musik von Inge Latz, Petra Lorenz und Gisela Meussling, Illustrationen von Petra Kaster, 120 Seiten, DIN A 4, 28,50 DM.

Meussling, Gisela, „Hexenlieder“, Liederzyklus, Musik von Petra Lorenz, 24 Seiten, DIN A 4, geheftet, 5,— DM.

Meussling, Gisela (Hrg.), „Alte Hexenlieder“, alte Hexentexte und -lieder, neu vertont von Inge Latz, Grafiken von Petra Kaster, 104 Seiten (58 Seiten Notenmaterial), DIN A 4, 18,— DM.

Rotermund, Uta, „Mamis Liebling“, 100 Seiten, Paperback, 9,80 DM.
Scherf, Dagmar, „Der Ritt auf dem Zaun Oder: Die Angst vor dem Chaos schmilzt“, Hexentexte, 140 Seiten, Paperback, 12,80 DM.
Schweizer, Renate, „Hexen gegen den Atomtod“, 66 Seiten, Paperback, 9,— DM.

Aufkleber von Petra Kaster

1. Auto- und Kofferaufkleber, Motiv: zwei Frauen mit Doppelaxt, leuchtend lila auf weiß, oval, Breite ca. 17 cm, 2,— DM.
2. Auto- und Kofferaufkleber, Motiv: Frauen gegen Atomenergie, mittelblau auf weiß, oval, Breite ca. 17 cm, 2,— DM
3. Auto- und Kofferaufkleber, Motiv: § 218, leuchtend rot auf weiß, oval, Breite ca. 17 cm, 2,— DM.
4. Auto- und Kofferaufkleber, Motiv: Ich mach mich, orange auf weiß, rund, ∅ 12 cm, 2,— DM.
5. Auto- und Kofferaufkleber, Motiv: Frauen lernen leben, hellblau auf weiß, rund, ∅ 12 cm, 2,— DM.

Postkarten und Grafiken von Petra Kaster

Verlag Gisela Meussling (edition die maus)
Rheinaustraße 34, 5300 Bonn 3